RUTH SEERING

Abenteuer Südwest

BASTEI
LÜBBE

BASTEI-LÜBBE-TASCHENBUCH
Band 60 060

Printed in Western Germany 1981
Einbandgestaltung: Manfred Peters
Abbildungen: Ruth Seering
Gesamtherstellung: Ebner Ulm
ISBN 3-404-60060-6

Der Preis dieses Bandes versteht sich einschließlich
der gesetzlichen Mehrwertsteuer

INHALTSVERZEICHNIS

Für meine Mutter Therese Mauersberger

Mein Dank gilt allen, die mir halfen,
Südwestafrika-Namibia kennenzulernen.

VORWORT

Die älteste Pflanze der Welt, die »Welwitschia mirabilis«, ist für mich das Symbol des afrikanischen Kontinents. Die fahlgrünen Giganten, die oft weit über tausend Jahre alt werden, findet man nur noch in Südwestafrika. Wer sich mit der Welwitschia beschäftigt, glaubt in die Werkstatt von Hieronymus Bosch zu kommen. Sie bedeckt eine Fläche von sechzig Quadratmetern. Ihre kolbenartig gedrehten Blätter werden über zwanzig Meter lang. Männliche und weibliche Pflanzen leben getrennt. In einem »guten Jahr« produziert eine männliche Pflanze über zehntausend Samen. In heftigen Sandstürmen und Wüstengewittern entstehen die besten Samen. Der Lebensquell der Welwitschia ist nicht das Grundwasser, sondern der Nebel des Atlantik. Im Sommer – September bis März – enthält die Morgenluft über der Namib über siebzig Prozent Feuchtigkeit. Diese wasserhaltige Luft ermöglicht das Leben in der Namib.

Wer einmal eine Sternennacht neben der letzten Urpflanze der Welt, der Welwitschia, verbracht hat, kennt das Herz von Südwestafrika, ganz gleich, welche Fahne über dem weiten Land weht.

Kunene
Ruacana-Fälle
OST-CAPRIVI
Okavango
KAOKOVELD
OWAMBOLAND
KAVANGOLAND
WEST-
CAPRIVI
Chobe
Tsumeb
Grootfontein
Otavi
BUSCHMANNLAND
SKELETTKÜSTE
Outjo
Otjiwarongo
HEREROLAND
DAMARA-
LAND
NAMIB
Rössing
Swakopmund
Windhoek
Gobabis
Walfischbai
TSWANALAND
BASTERLAND
WÜSTE
Nossob
Mariental
NAMALAND
Lüderitz
Keetmanshoop
Fischfluss
Oranjemund
Orange

1. Das Rennen gegen den Tod

Unser Jumbo »Tafelberg« fliegt zwischen dem 16. und 20. Grad südlicher Breite auf der Linie des 11. Längengrades nach Süden. Es ist zehn Uhr morgens. Das Sonnenlicht im Bullauge scheint aus poliertem Messing zu bestehen.

Das zweite Frühstück wird serviert: eisgekühlte Pampelmusen, gebratener Fisch zu Rührei, gegrillter Speck, Toast, Butter, Marmelade, Kaffee oder Tee.

Da reißt der Wolkenschleier über dem Atlantik auf. Afrikas Westküste zwischen Angola und Südwestafrika-Namibia liegt unter uns.

Afrika: ein grindiges, buckliges, braunes Gesicht, ein Klumpen Lehm, der auf Menschen wartet, die ihn formen.

Der Atlantik leckt mit weißem Schaum an der braunen Kruste, die in hellen Sand übergeht. Grün-gelbe Flecken, die Wasser signalisieren, haben weiße Salzränder und wirken wie riesige, giftige Blumen aus der Unterwelt.

»We cross the Angola border and take our flight to Windhoek«, ertönt es aus dem Lautsprecher.

Unter uns muß tief eingeschnitten das Flußbett des Kunene sein, eines der beiden großen Flüsse, die das riesige Südwestafrika begrenzen: Der Kunene bildet im Norden die Grenze zu Angola, der Oranje im Süden zur Republik Südafrika. Alle anderen Flüsse führen ihr Wasser unterirdisch – das sind die »Riviere«, wie man sie in Südwest nennt.

Zwischen beiden Flüssen liegen über 840 000 Quadratkilometer Land, eine Fläche dreieinhalbmal so groß wie die der Bundesrepublik Deutschland. In dem riesigen Raum mit 1600 Kilometern Atlantikküste, den Regenwäldern Angolas,

der Kalahari-Wüste von Botswana und dem Steppengebiet der großen Karroo von Südafrika leben ungefähr 950 000 Menschen, weniger als in Köln.
Wie ein riesiger ausgebleichter Mammutknochen liegt unter uns die Skelettküste, »wo Schiffe und Menschen an Land kommen, um zu sterben«. Gelingt es Schiffbrüchigen, der breit anrollenden Brandung des Atlantik zu entkommen,

Südwestafrika – im gleichen Maßstab – projiziert auf Europa

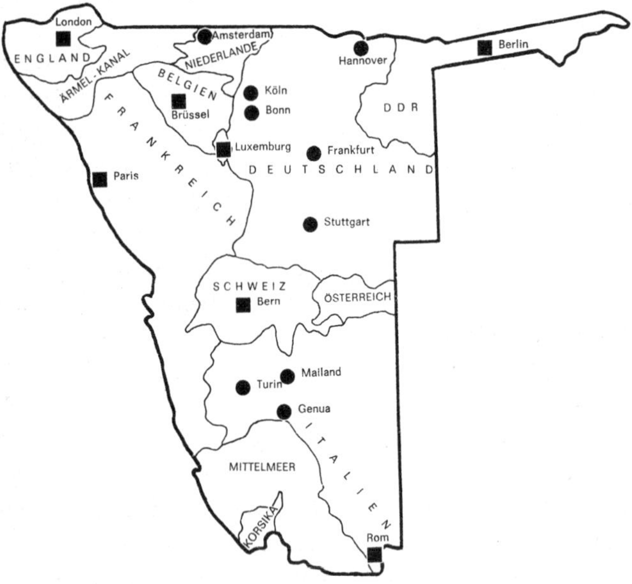

Auf gleichgroßem Raum bestehen in Südwestafrika: 1 Staat mit 11 Völkern
Europa: 10 Staaten mit 10 Völkern

dann erwartet sie ein Landstreifen ohne Wasser, der mit der Höllensonne eine Ehe eingegangen ist.

Diese Knochenküste hat mehr Menschenleben und Schiffe gefordert als jede andere Küste der Welt. Auf 100 Kilometer ist der Strand mit zerschlagenen Schiffsresten und gebleichten Menschenknochen bedeckt. Es hat über vierhundert Jahre gedauert, von 1485 bis 1942, bis Schiffbrüchige erstmals aus der Umklammerung dieser Todesküste gerettet wurden.

Der britische Frachter »Dunedin Star« war im November 1942 mit über 100 Menschen an Bord von Liverpool aus drei Wochen nach Kapstadt unterwegs. Die Ladung bestand aus kriegswichtigem Material für die Alliierten. In voller Fahrt lief das aus Sicherheitsgründen abgedunkelte Schiff mit 16 Knoten in Richtung Süden. Um Mitternacht funkte der 13 000-Tonner SOS. Die »Dunedin Star« meldete »Zusammenstoß mit unbekanntem Objekt« und steuerte mit voller Kraft auf den Küstenstreifen zu. Der Kapitän wollte mit dem leckgeschlagenen Schiff noch die rettende Küste erreichen.

Es wurde nie bekannt, ob das Schiff mit einem der deutschen U-Boote, die zu dieser Zeit in den Gewässern operierten, oder mit einem kartographisch nicht erfaßten Felsenriff kollidiert war.

In völliger Dunkelheit strandete die »Dunedin Star« im seichten Wasser der Küste. Wie durch ein Wunder lag das tödlich getroffene Schiff auf einer Stelle ohne Riffe, Steinbänke oder Strudel. Als der Mond vor dem Morgen die Wolkenschicht durchbrach, sahen die Geretteten im Westen die Brandungswellen wie Diamanten glitzern, im Osten standen wellenförmige Gebirgszüge. Als die Sonne dem Mond die Macht genommen hatte, erkannten die Gestrandeten, daß die Berge Sanddünen waren, die im Mittagslicht die Farbe gebleichter Knochen annahmen.

Kein Baum, kein Gras, kein Tier, kein Lebenszeichen! Langsam kroch das Grauen der Knochenküste in die Menschen.

Radio Walfischbucht hatte den Notruf inzwischen an das südafrikanische Armee-Hauptquartier nach Kapstadt weitergegeben. Ein britischer und ein norwegischer Frachter nahmen die Hilferufe auf und versuchten, die Unglücksstelle anzulaufen.

Die Rettungsmeldungen erreichten die »Dunedin Star«, die inzwischen von zwei Urgewalten abgewürgt wurde: Meer und Sand. Wie die Arme von Riesenkraken wölbten sich Sandbänke rechts und links der Schiffswände hoch, während das Gezeitenwasser den Schiffsleib unterhöhlte und immer tiefer sinken ließ. Mit schmatzenden Geräuschen schluckten Wasser und Sand ihr Opfer.

Bis zur festen Küste waren es knapp fünfhundert Meter. Die Ausschiffung begann. Nachdem 63 Menschen – ältere Männer, Frauen und Kinder – an den Strand gebracht worden waren, blieb das Rettungsboot defekt auf dem Sand liegen.

Die einzige Möglichkeit, bei 70° C ohne Schatten zu überleben, bestand darin, einen Sonnenschutz zu bauen. Man sammelte Kleidungsstücke, um neben einer Sanddüne ein Lager zu errichten.

Während die in der Wüste Gefangenen sich in den Sand einzuwühlen versuchten, stießen sie auf die Skelette von zwölf Menschen. Mancher Knochenarm war um den Hals des anderen Gerippes geschlungen, aber allen fehlten die Köpfe. Die Skelettküste hat das Geheimnis dieser Toten nie preisgegeben.

Am dritten Tag trennten 500 Meter stürmische See die Menschen am Strand von den 43 Überlebenden an Bord der »Dunedin Star«, die nicht mehr ausgeschifft werden konnten. Radio Walfischbucht kündigte einen Rettungsversuch von See her für den kommenden Tag an, weil ein solches Unterfangen von Land aus unmöglich wäre.

Die aus Seenot Geretteten wurden plötzlich zu hilflos Eingeschlossenen der Wüste.

Alle Versuche, die Gruppe wieder auf das Schiff zurückzubringen, scheiterten. Ohne Trinkwasser kauerten die Gestrandeten neben den namenlosen Skeletten der Knochenküste.

Der britische Kommandant von der Walfischbucht versuchte den Wettlauf mit der Zeit. Ein Lockheed-Ventura-Bomber aus Kapstadt sollte für die 63 Eingeschlossenen Wasser und Verpflegung abwerfen. Gleichzeitig sollte von Windhoek aus eine Expedition starten, um auf dem Landweg die Schiffbrüchigen zu erreichen. Landweg hieß: 900 Kilometer durch meist unerforschtes Gebiet, davon waren 200 Kilometer Sandstraße, der Rest pfadlose Wüste. Wenn alles gutging, konnte man in vier bis fünf Tagen die Überlebenden an der Küste erreichen. Ihr Überleben hing jedoch allein von dem schnellen Trinkwasserabwurf des Bombers ab! Wie in einer riesigen Sanduhr rann die Zeit. Die Uhr hielt der Tod in der Hand.

Inzwischen hatten der norwegische Frachter »Temeraire« und das britische Schiff »Manchester Division« das Wrack erreicht.

Vor den Augen der Überlebenden am Strand wurden alle Passagiere von dem immer tiefer sinkenden Schiff gerettet.

Ehe die »Manchester Division« abdrehte, gab sie mit dem Spiegeltelegraf eine Nachricht an die Eingeschlossenen der Knochenküste: »Ein Flugzeug wird in Kürze Verpflegung und Zelte abwerfen. Von Windhoek ist eine Polizeiexpedition gestartet. Sie wird in ein bis zwei Tagen alle Schiffbrüchigen nach Swakopmund bringen. Bleiben Sie zusammen, und verlassen Sie nicht die Unglücksstelle!«

Dann drehte das Schiff ab. Die Nacht fiel ein. Sie war ausgefüllt von dem Tosen der Brandung und der Stille der Wüste – beide tödlich. Die Angst wuchs unter den Frauen, Kindern und Männern, die sich zum Schutz gegen die nächtliche Kälte eng zusammenkauerten.

Der fünfte Tag begann. Die bittere Nachtkälte, die Feuchtigkeit des Morgens, tagsüber der ständige Wind, vermischt mit feinem Sand, und die ewige Sonne ohne Schatten hatten die Widerstandskraft der Verzweifelten gebrochen. Den drei Kleinstkindern drohte Blindheit, weil der Sand durch allen Schutz drang. Der Sonnenbrand bedeckte immer größere Flächen der stark schrumpfenden Haut.

Das Minensuchboot »Nerine« versuchte am Morgen während der Flut dreimal, Flöße mit Nahrungsmitteln und Trinkwasser durch die Brandung zu den Eingeschlossenen zu bringen. Alle Versuche scheiterten. Die Strömung riß jedes Floß weg. Das Minensuchboot drehte nach Süden ab, um irgendeine andere Landemöglichkeit zu finden. Umsonst.

Aber wieder ging die »Nerine« auf Kurs zu den Hilflosen an der Küste. Mit ihr und einem zweiten Schiff fuhr die Angst. Deutsche U-Boote waren in der Nähe. Sie mußten den Funkverkehr längst aufgezeichnet haben. Als die Schiffe abdrehten, war die letzte Funkmeldung: »Rettung von See unmöglich!«

Der Ventura-Bomber hatte die Walfischbucht erreicht. Er startete sofort nach dem Auftanken und erreichte nach zwei Stunden Flug über der Küste das Wrack der »Dunedin Star«. Sie schien unverletzt vor der Brandung zu liegen.

In 500 Meter Entfernung sah man, wie einen schwarzen Punkt im weißen Sand, die Eingeschlossenen. Beim ersten Anflug warf der Bomber aus einer Höhe von nur fünf Metern Nahrungsmittel ab. Beim zweiten Anflug ging er auf 150 m

Höhe, um die schweren Wasserkanister an Fallschirmen abzuwerfen. Nur so konnte eine Zerstörung der Behälter vermieden werden.

Mit Entsetzen sah die Besatzung, wie die Schiffbrüchigen auf allen vieren zu dem Proviant krochen. Sie erkannten den verzweifelten Zustand der Menschen unter ihnen. Die Bomberbesatzung war sofort mit dem Befehl von Hauptmann Naudé einverstanden: Landeversuch, um Frauen und Kinder zu retten.

Die schwerfällige Maschine kreiste fast eine Stunde, bis sie drei Kilometer von den 63 Menschen entfernt auf festem Sand landete.

Der Bomber wurde sofort in Startrichtung gedreht. Frauen und Kinder wurden von denen, die noch die Kraft hatten, zur Maschine gebracht. Nur acht Menschen konnten mitgenommen werden. Da kam ein Sandsturm von 100 Stundenkilometern auf. Die Räder des Bombers waren sofort zugeweht. Der große silberne Flugzeugkörper lag wie ein Fisch auf dem Trockenen.

Bevor die Batterien nach vergeblichen Startversuchen endgültig versagten, setzte Hauptmann Naudé den letzten Funkspruch ab: »Brauchen dringend ein zweites Flugzeug – die Eingeschlossenen sind am Ende.«

In der Nacht vom fünften zum sechsten Tag rannte ein Junge in die Wüste. Er sah überall angreifende Löwen, die es aber gar nicht gab. Der Irrsinn hatte das Gesicht des Löwen.

Die Knochenküste war sich ihrer Opfer sicher. Nur sechzig Kilometer südlich der gestrandeten »Dunedin Star« war zur selben Zeit ein kleineres Schiff aufgelaufen, »Sir Charles Elliott«. Seine Hilferufe wurden von dem hilflosen Ventura-Bomber noch nach Kapstadt weitergegeben.

Inzwischen quälten sich acht Geländewagen und ein Anhänger von Windhoek aus nach Kaokoland. Zwölf Militärs, drei Polizisten und ein Arzt hatten den Wettlauf mit dem Wüstentod aufgenommen. In der weglosen Wildnis nördlich Sesfontein konnte der Konvoi nur bei Tageslicht fahren. Der Flugsand der trockenen Flußläufe wurde selbst bei Tag zur Falle.

Die Männer brannten nachts das Dornengebüsch an, um sich gegen wilde Tiere aus dem nahen Wildpark der Etoschapfanne zu sichern.

Sie waren den fünften Tag unterwegs und noch immer 400 Kilometer von den Schiffbrüchigen entfernt!

Zum ersten Mal – und bis heute zum letzten Mal – gelang es einem motorisierten Konvoi, die Schlucht des unterirdisch fließenden Hoarusib zu durchqueren.

Aus toten Bäumen mußte eine Rampe gebaut werden, um mit den Wagen das acht Meter tiefe Flußufer überwinden zu können. Das 60 Meter breite Flußbett bestand aus feinstem Sand. Wiederum sammelten die Männer Hölzer und Zweige und jagten die Autos über die gefährliche Falle.

Erst 39 Kilometer vor der Atlantikküste wurde der Sand im trockenen Flußbett des Khumib fester, so daß die Wagen mit zunehmender Geschwindigkeit Richtung Kap Fria fahren konnten.

Sie wußten nicht, daß der Minensucher »Nerine« inzwischen elf Überlebende durch die Brandung herübergeholt hatte. Frisches Wasser war für die Eingeschlossenen abgeworfen worden. Immer wieder versuchten Flugzeuge, die ums Leben Kämpfenden aus der Luft zu retten.

Zwei Kilometer vor den Gestrandeten der »Dunedin Star« ließen die Männer ihre Wagen stehen, die Sanddünen waren nur zu Fuß zu überqueren. Am 12. Dezember nachmittags waren die Polizisten, die als erste die Todeszone des Kaokolandes durchquert hatten, bei den Eingeschlossenen.

Sie weinten alle, die Retter und die Geretteten. Die einen

waren selig, aus der vierzehntägigen Hölle zu entkommen, doch die anderen ahnten, was der Rückweg für alle bedeuten würde: ein Alptraum.

Nach zwei Tagen waren 39 Kilometer überwunden. Bis Windhoek waren es noch siebenhundert Kilometer! Als wollte die Hölle ihre andere Seite zeigen, verwandelte ein zweitägiger Regen die Wüste in schlammige, gurgelnde Wasserlachen. Wie höhnisches Gelächter fiel die Wasserflut aus einem niedrigen Himmel über die Menschen, die tagelang um eine Handvoll Wasser gebetet hatten.

Am Heiligen Abend, dem 24. Dezember 1942, traf der Konvoi in Windhoek ein. Zum ersten Mal hatte die Skelettküste ihre Opfer hergeben müssen!

Feldmarschall J. C. Smuts, Premierminister der Südafrikanischen Union, schrieb 1953 in seinem Vorwort zu dem Buch über die Skelettküste von John M. Marsh: »Die menschliche Natur zeigt ihre Größe oft erst in dringender Not. Die Geschichte wird sich an das Epos der Skelettküste erinnern.«

Der Feldmarschall konnte nicht wissen, daß 33 Jahre später, im Jahre 1975, wieder Menschen bereit waren, an der Knochenküste unter Einsatz ihres Lebens andere zu retten!

2. Skelettküste 1975

Es war nur eine kleine Gruppe während des Massenexodus von Weißen, Schwarzen und Braunen, die das kriegszerstörte Angola verlassen wollten. Die Portugiesen hatten ihr reiches »Nebenland in Übersee« überhastet aufgegeben. Kommunistische Revolutionäre, unterstützt von Fidel Castros Kubanern und Offizieren aus der DDR, hatten das Land in Terror, Not und Elend gestürzt.

Es waren 200 Männer, Frauen und Kinder – der jüngste war einen Monat alt, der älteste 70 Jahre –, die nach Süden, Richtung Swakopmund, wollten. Es war ihnen gelungen, zum Teil unter Beschuß, den Kunene zu überqueren. Vor ihnen lag jetzt Südwestafrika, das hieß für sie »Freiheit«. Sie hatten von den großen Farmen und Viehweiden dieses Landes gehört, aber keiner wußte etwas von der Hunderte von Kilometern langen, menschenleeren Skelettküste.

Sie zogen aus wie die Hebräer, deren Weg ins Gelobte Land mitten durch das Rote Meer führte.

Major Max Kessler von der 112. Südwestafrikanischen Polizeieinheit zog seine zweimotorige »Comanche« in einer steilen Kurve aus 200 Meter Höhe nach unten. Er kippte über den linken Flügel, um besser sehen zu können. Trotzdem traute er seinen Augen nicht. Irgendein obskurer Film schien zwischen der Knochenküste und dem Kunene gedreht zu werden! Mehrere Autos standen in einer Linie aufgereiht in Richtung Süden. Kessler zählte: 59, 60, 61 Wagen! Er erkannte zwischen den schweren Limousinen zwei elegante Sportwagen, nur wenige Landrover. Alle waren ordentlich parallel zur Atlantikküste ausgerichtet.

Major Kesslers Auftrag bei diesem Flug bestand darin,

Flüchtlinge zu sichten und zu versuchen, ihnen Hilfe zu bringen. Nach kurzer Absprache mit dem zweiten Piloten, Major Badenhorst, landete die Maschine in einem gewagten Manöver auf einer Sandbank, die um diese Zeit zwischen Ebbe und Flut fest genug ist, um das Gewicht der Maschine zu tragen.

Nie werden die beiden Polizeioffiziere vergessen, welches Bild sich ihnen bot. Zwischen den Wagen spielten Kinder. Wäsche war zum Trocknen aufgehängt. Zwei Männer rösteten über offenem Feuer ein Ferkel. Weinflaschen wurden sofort entkorkt, um die »Retter« willkommen zu heißen. »Wir sind frei! Wir leben! Zeigt uns den Weg nach Süden!«

Die beiden Südafrikaner gingen von Wagen zu Wagen. Auf dem Dach eines Volkswagens waren vier Koffer festgebunden, darauf saß ein weißer Hund und kläffte. Im Kofferraum eines Ford lagen zwei Säcke Mehl und ein Sack Tee. Ein Landrover hatte einen Anhänger mit 300 Flaschen Whisky. Was machte es, daß er zur billigen portugiesischen Sorte gehörte. Es bedeutete Geld für einen neuen Anfang!

Pedro Napoles hatte seinen Wagen mit Kabeln und elektrischem Zubehör völlig überladen. Es war das einzige, was er aus seinem Elektrogeschäft gerettet hatte.

Eine Farmersfrau hatte kurz entschlossen einen großen grauen Papagei aufs Wagendach gebunden, weil die Kinder so weinten, als sie von daheim ohne ihn weggehen sollten.

Kessler und Badenhorst blickten in die Augen von glücklichen Menschen, die eine Hölle hinter sich gelassen hatten. Sie wußten nichts von der Hölle, die vor ihnen lag!

»Wie weit ist es zur Straße?«

»Es gibt keine Straße!«

Sie hörten die Antwort, allein sie verstanden nicht.

»Vor euch liegen 600 Kilometer weglose Wüste. Eine

Küste, die noch nie von einem Auto befahren wurde. Es gibt nirgendwo Süßwasser, nur die Brandung des Atlantik. Der letzte Fluß auf den nächsten 1600 Kilometern liegt hinter euch. Bei Kap Fria stehen ein paar leere Bretterbuden. Rocky Point ist nur eine Anflugstelle für Polizeimaschinen. Erst beim Kreuzkap beginnt eine Straße nach Swakopmund, bis dahin sind es fast 600 Kilometer!«

Voller Schreck erkannte der Major, daß diese Leute nie etwas von der Knochenküste gehört hatten. Die Geographie Südwestafrikas war ihnen völlig unbekannt. Die Menschen starrten ihn nur ungläubig an, nicht einmal entsetzt. Die Hölle war ja hinter ihnen. Gab es aber zwei Höllen?

Einzelne Sätze fielen in die Stille:

»Sie machen keine Gefangenen. Auf unserer Farm wurde zuerst der Mann umgebracht, dann mußte die Frau ihn braten, ehe sie an der Reihe war.«

»Unsere Arbeiter wollten uns nicht umbringen, aber die von der nächsten Farm bestimmt.«

»Wenn du ein weißes Fell hast, wirst du gejagt. Wenn du in der falschen Partei bist, auch! Da ist es ganz gleich, ob du schwarz oder weiß bist!«

In keiner Stimme war Anklage oder Bitterkeit. Sie sprachen vom Schrecklichen wie vom Alltäglichen.

Dann sagte der 27jährige João Jardim, der die Führung des Trecks übernommen hatte: »Wir wußten nicht, wie das Land hier ist. Wir glaubten, es wäre ein Teil von Südafrika – mit Straßen, Farmen, Dörfern und Städten.« Nach einer Weile fügte er hinzu: »Auch wenn wir es gewußt hätten, wir wären trotzdem geflohen. Es kann nicht schlimmer werden.«

Er sprach für alle. Dann herrschte Stille.

Major Kessler kannte die Knochenküste seit zwanzig Jahren. Er wußte, daß die einzige Chance für den Konvoi darin bestand, eine lebensgefährliche Fahrt entlang der

Küste zwischen Ebbe und Flut zu wagen. Sie mußten versuchen, während der Ebbe die ersten 140 Kilometer bis Kap Fria zu schaffen. Die Südafrikaner erklärten den Flüchtlingen ihren Plan und flogen zurück. Sie brachten Verstärkung nach Kap Fria.

Vier Tage warteten die Flüchtlinge in ihrer Wagenburg. Die Kälte der Nacht, Sandsturm und Brotmangel begannen die Eingeschlossenen zu zermürben.

An einem Donnerstagmorgen, Ende November, tauchten zwei Polizeiflugzeuge auf und befahlen den Aufbruch. Verzweifelt versuchten die Piloten, die Menschen zu überzeugen, daß alle Wagen – so weit möglich – entladen werden mußten. »Es geht um euer Leben, nicht um euren Besitz! Ihr rennt gegen den Tod!«

Der Morgen war ausgefüllt von schwerem, nassem Nebel. Die Brandung des Atlantik war nur hörbar, aber nicht mehr zu sehen. Der Donner brechender Wellen war oft so stark, daß keiner das Wort des anderen verstand.

Als erste starteten die beiden Sportwagen. Mit 120 Stundenkilometer rasten sie über die straßenharte Piste, in Tuchfühlung mit den Brechern des Atlantik. Jedes Vor- oder Zurückspringen der Küste mußte blitzschnell ausgefahren werden, denn ohne Vorwarnung wurde der Sand weich. Sandüberwehte Priele waren ausweglose Fallen für die sausenden Räder.

Die Nerven der ersten beiden Fahrer waren zum Zerreißen gespannt. Das Wrack der »Dunedin Star« zeigte ihnen, daß zwei Drittel des Weges hinter ihnen lagen!

Der Konvoi mit den 59 Fahrzeugen startete 30 Minuten später. Er quälte sich langsam voran. Windschutzscheiben splitterten durch brechende Wellen. Jardim und seine Frau Liliane mit dem Säugling waren plötzlich hilflos im Wagen eingeschlossen, als eine vorpreschende Woge ihr Auto überspülte und mit dem Gewicht ihrer Wassermassen tief in den Sand drückte. Blitzschnell, katzenhaft spielerisch zog sich die Welle zurück. Der Wagen steckte bis über beide Achsen im Sand. Eine nachfolgender Landrover zog ihn heraus, bevor die nächste Welle die Vernichtung beenden konnte.

Die Zeit raste dahin. Die Fahrer spürten an der Lenkung, daß der Untergrund an einigen Stellen weich wurde. Der Sand bewegte sich eigenmächtig unter den durchdrehenden Rädern. Die anrollenden Wellen führten unberechenbare, meterhohe Wasserfontänen mit sich. Sobald sie auf den noch festen Sand prallten, zerriß die Sanddecke wie unter einem Einschlag. Von 61 Fahrzeugen erreichten 12 Kap Fria.

Vier Geländewagen der Polizei kamen den erschöpften Menschen entgegen. Sie kämpften gegen die einsetzende Flut, um Männer und Frauen, die vor Angst gelähmt neben ihrer letzten Habe hockten, zu retten.

Die Südafrikaner zerrten die Flüchtlinge auf ihren Jeep und rasten zurück nach Kap Fria. Mit einem fetten, gierigen Schmatzen fraß das steigende Wasser Autos, Koffer, Töpfe, Konserven, Geschirr und den portugiesischen Whisky. Der Papagei überlebte!

Die Retter dankten Gott, daß in dieser letzten Stunde nicht der gefürchtete Sandsturm vom Wüsteninneren gegen den Atlantik tobte.

In Kap Fria starben zwei Verwundete. Entsetzen und Angst wuchs unter den Flüchtlingen. Die beiden alten Wüstenfüchse Kessler und Badenhorst erkannten, daß mit den Frauen und Kindern kein weiteres Vorwärtskommen möglich war.

Eine Dakota der südafrikanischen Luftwaffe flog die Schwächsten bis zur Möwenbucht. Dort standen Armeelastwagen bereit, um sie ins Flüchtlingslager Rooikop bei der Walfischbucht zu bringen.

Nur die kräftigsten Männer brachten unter Leitung der Polizei in vier Tagen die 12 geretteten Wagen nach Swakopmund. Zehn Tage nach der Überschreitung des Grenzflusses Kunene waren 198 Flüchtlinge wiedervereint.

Sie waren Händler, Bauern, Handwerker. Sie waren portugiesische Staatsbürger und lebten seit der zweiten oder dritten Generation in dem ehemals portugiesischen Angola. Die meisten von ihnen konnten kaum lesen und schreiben. Sie hatten zwei oder drei Volksschuljahre absolviert, bevor sie mit der Arbeit begonnen hatten. Jedes Paar Hände wurde gebraucht, auch wenn es Kinderhände waren. Bei der Ernte mußten sie bis zur Erschöpfung arbeiten. Das Leben der »Kolonisten« sah und sieht fast immer ganz anders aus, als es politische Besserwisser Tausende von Kilometern entfernt beschreiben. Ein »rassischer Herrenmensch« war keiner von ihnen.

Jetzt saßen sie im Lager Rooikop und hörten die Bedingungen für eine Aufenthaltsgenehmigung und Arbeitserlaubnis in Südwestafrika-Namibia.

Die Einwanderungsgesetze für die Republik Südafrika gelten bis heute auch für Namibia.

Von den Einwanderern wird verlangt: mindestens acht Volksschuljahre, eine abgeschlossene Berufsausbildung, Englisch oder Afrikaans in Wort und Schrift. Wer das nicht vorweisen kann, wird mit Kleidung und Essen versorgt und darf umsonst in das Land reisen, dessen Bürger er ist. Das bedeutete für die Flüchtlinge aus der portugiesischen Überseeprovinz Angola: Portugal.

Nur einer schrie in das entsetzte Schweigen aller:

»Was soll ich in Portugal, das mein Großvater als junger Mann verließ? Ich bin Afrikaner, nicht Portugiese!«

Nur eine Handvoll fand Aufnahme. Sie leben heute zum

Teil als kleine Händler in Lüderitz. Die anderen wurden nach Portugal eingeschifft.

Das war vor sechs Jahren.

Heute leben knapp 30 000 Flüchtlinge an der Buschkrieggrenze im Caprivizipfel. Das Internationale Rote Kreuz erkennt sie als Flüchtlinge nicht an, leistet deshalb auch keine Hilfe. Die einzige Unterstützung erhalten sie vom Militär Südafrikas.

Unser Jumbo hat die Hälfte der ältesten Wüste unserer Erde überquert. Wir drehen nach Windhoek ein. In den beiden südafrikanischen Staatssprachen, Afrikaans und Englisch, leuchtet die Schrift über den Kabinensitzen auf.

»Maak Gordel vas – Fasten seat belt!«

»Maak die Sigarette dood – No smoking!«

Und mündlich ertönt es auch noch in der dritten Landessprache, in Deutsch:

»Bitte schnallen Sie sich an und rauchen Sie nicht mehr!«

Das Licht auf den Moltkebergen wirkt fast blau, verwandelt sich aber sofort in jenes helle, gleißende Leuchten, das über den Hochflächen des Landes herrscht. Als wir auf dem Flughafen »J. G. Strijdom« von Windhoek landen (Strijdom war von 1954 bis 1958 Ministerpräsident der Südafrikanischen Union), spüren auch Neulinge, daß der Himmel und die Sonne in Afrika anders sind als in Europa.

Ich habe Anschluß nach Swakopmund. Diesmal will ich meine Reise dort beginnen, wo die ersten Europäer vor fast 500 Jahren an der nebelumwogten Westküste Südwestafrikas landeten.

40 Kilometer sind es vom Strijdom-Airport bis zum Flughafen der »Namib-Air« am Stadtrand von Windhoek.

Es ist knapp 30 Jahre her, daß der erste Direktflug zwischen Windhoek und Johannesburg durchgeführt wurde.

1953 begann für Südwestafrika die direkte Luftverbindung mit Europa durch die Südafrikanische Luftfahrtgesellschaft »SAA«. Bereits 1959 entstand die südwestafrikanische Luftfahrtgesellschaft »Suidwes-Lugdiens«, die sich seit 1979 »Namib-Air« nennt. In 90 Minuten bringt mich die Cessna »C 210« an die Atlantikküste bei Swakopmund. Mein Jeep steht an dem kleinen Sportflughafen von Swakopmund.

3. Am Kreuzkap

Wir müssen noch gut zwei Kilometer vom Kreuzkap entfernt sein. Der Himmel besteht aus blaugrauen, schmutzigen Wolkentürmen. Der Sand der Namib wirkt wie grauer Zement. Nirgends ein Baum, kein Strauch, nur zur rechten Seite die Silhouette des Brandbergmassivs. Sein höchster Gipfel, der Königstein, ist mit seinen 2597 Metern von See her sichtbar. Die Brandberge erinnern in ihrer Form an das Bergmassiv des Olymp in Griechenland.

Die Völker der nördlichen Namib geben diesem verwitterten Vulkangebirge respektvolle Namen. Die Damara nennen es »Daureb«, verbranntes Gebirge. Für die Herero ist es »Omukuruwaro«, Berg der Götter. Die Weißen bezeichnen diese gewaltige Erhebung als »Brandberge«, weil die kurze Spanne bei Sonnenaufgang und Sonnenuntergang das Gestein in eine schnell verglühende rote Flamme verwandelt. In dem deutschen Kolonialatlas von Langhans aus dem Jahre 1894 ist die höchste Erhebung von Südwest noch mit drei Namen angegeben: Brandberg, Daureb, Omukuruwaro.

Die erste bekannte Durchquerung des wild zerklüfteten Bergmassivs gelang 1914 zwei Soldaten der deutschen kaiserlichen Schutztruppe.

Bis heute wehrt sich der Brandberg gegen Fremde durch brennende Hitze am Tag, kaum Wasser und bitter kalte Nächte. Große Abhänge voller Steinschutt verhindern jeden schnellen Anstieg.

1917 entdeckte der deutsche Landvermesser Dr. Reinhard Maak das Felsbild der »Weißen Dame«. Aber erst 30 Jahre später hat der französische Prähistoriker Abbé Henri Breuil die Bedeutung dieser Felsmalereien erkannt. Bis heute sind Geschichte und Alter unbekannt.

Es gibt Wissenschaftler, die behaupten, die Figur der »Weißen Dame« stehe in engem Zusammenhang mit der griechischen Kunst auf Kreta. Das beweise vor allem der ägyptische Stil in der Figurendarstellung. Dagegen stehen Forschungen, die erklären, daß die »Weiße Dame« die römische Göttin Diana mit Pfeil und Bogen sei. Sogar der südafrikanische Feldmarschall Smuts hatte eine eigene Deutung für die geheimnisvolle, nur 30 Zentimeter große Gestalt: »In einem heidnischen Gottesdienst wird die ›Weiße Dame‹ als heiliges Opfer dargebracht.«

Allerdings weiß man auch nicht genau, ob dieses geheimnisvolle weiße Geschöpf eine Frau oder ein Mann ist. Der »witchdoctor« Credo Mutwa aus dem südafrikanischen Zululand behauptet, daß die »Weiße Dame« der jagdliebende König Kareso II. sei.

Als ich am Morgen den Wagen auf der Kiesstraße stehengelassen hatte und in einer knappen Stunde zu der schmalen Höhle hochgeklettert war, merkte ich nichts von dem Mysterium. Unansehnlich, klein, durch ein verrostetes Gitter geschützt, erschienen mir alle anderen Höhlenzeichnungen bedeutender.

Nach einer Weile glaubte ich allerdings auch, in der leichtfüßigen Gestalt eine verblüffende Ähnlichkeit mit dem Freskenrelief des »Lilienprinzen« aus dem minoischen Palast von Knossos auf Kreta zu entdecken. Anfang des 19. Jahrhunderts grub der Brite Evans diese sagenumwitterte Palaststadt aus dem 2. Jahrtausend v. Chr. aus. Enttäuscht war ich allerdings, als ich erfuhr, daß der leidenschaftliche Amateurarchäologe von der Prinzengestalt nur ein Bein, einen Teil des Armes und etwas vom Kopfschmuck gefunden hatte. Die Rekonstruktion ist allein seiner genialen

Kombinationsgabe zu verdanken. Aber die Schönheit dieses Prinzen ohne Namen – auch er könnte eine Frau sein – begeistert Millionen!

Inmitten brauner Jäger und Tiere Afrikas befindet sich die etwas über zwei Hände große »Weiße Dame« an der gewölbten Rückwand der Felsenhöhle. Sie ist vollkommen unafrikanisch. Aber zwischen ihr und Kreta liegen 15 000 Kilometer Luftlinie!

In Südwestafrika lernt man immer wieder beglückt, daß die Welt noch Rätsel und Mysterien hat. In den Brandbergen, bei Twyfelfontein und an der Spitzkoppe gibt es überall Malereien und Handwerkszeuge von Menschen, von denen die schriftlichen Quellen nichts berichten. Wo heute eine menschenleere, ja menschenfeindliche Natur herrscht, lebten Stämme, die ihre Höhlen und Felswände ausschmückten. Es waren keine wandernden Nomaden, sondern seßhafte Menschen, die ihr Heim und ihre Kulstätten künstlerisch gestalteten. Die Zeichnung des sogenannten »Großen Okapi« auf dem Numas-Plateau erinnert in seiner Darstellung an Skizzen von Albrecht Dürer.

Wer heute in diesem Gebiet wandert, das sich 100 km von der Küste entfernt von Norden nach Süden erstreckt, kann immer neue Felsmalereien und Gravuren entdecken. Wer auch die Strapazen in den heißen Sommermonaten Dezember und Januar nicht scheut und dann im »Schweiße seines Angesichtes« hoch oben im Fels Malereien vergangener Jahrhunderte oder Jahrtausende sieht, dem drängt sich unweigerlich die Frage auf: Waren die ersten Menschen, Adam und Eva, Afrikaner?

Ich sehe die Silhouette des Brandberges nicht mehr im Rückspiegel. Eine Nebelwand vom Atlantik ist hinter mir auf die Namib gefallen.

Heftig trete ich auf die Bremse. Ohne Hast kreuzen zwei

Schakale die Pad. Die schwarze Schabracke mit den weißen Schmuckhaaren ist genau vom blonden Bauchfell abgesetzt. Die rehdünnen Beine scheinen nicht zu dem fuchsartigen Fell und der dichten Rute zu passen. Der schmale, mehr hunds- als wolfsähnliche Kopf soll ja das Vorbild für den altägyptischen Todesgott Anubis gewesen sein.

Ich drehe scharf nach rechts, ziehe einen kurzen Bogen durch den harten Sand, so, als würde ich eine Schlinge um die beiden werfen. Der linke Schakal bricht aus, der rechte bleibt im Kreis stehen. Ich merke es deutlich an seinen listigen, schrägstehenden Augen, daß sie mich zwingen wollen, ihn zu jagen. Ich mache das Spiel mit, fahre auf den Wartenden los. Der ist plötzlich hinter mir, viel schneller, als ich schalten kann. Ich wiederhole die Fangbewegung noch dreimal, beide Schakale weichen auch nicht einen Meter von dem Platz, bis der größere sich auf die Hinterhand setzt, ein klagendes Heulen ausstößt und gleich darauf wie ein Schauspieler kurz kläfft, um erneut zu heulen. Dann traben beide einmütig in meine Richtung zur Küste.

Sie haben mir beigebracht, daß hier ihr geschütztes Revier ist. Sie sind die Gesundheitspolizei in der größten Robbenkolonie Afrikas. Sie kennen keine Angst, weder vor Menschen noch vor Seelöwen.

Ich verlangsame die Fahrt, stelle den Motor ab. Ich kann nichts sehen, aber viel hören. Da scheinen Schafe zu schreien, viele Schafe. Manchmal ein ganz klägliches »Mäh-Mäh«. Der Hintergrund ist immer das dunkle Brausen der Brandung.

Langsam fahre ich weiter. Schmal steht gegen den grauen Himmel das Kreuz von Diego Cão. Es wirkt so allein zwischen Atlantik und Namib, 160 Kilometer nördlich des südlichen Wendekreises!

Plötzlich sehe ich das, was Diego Cão vor 498 Jahren vom

Schiff aus sah und aufschrieb: ». . . Hunderte von schwarzen Menschen tummeln sich vergnügt in der Brandung . . .« Aber es sind keine Menschen und keine Schafe, obwohl sie so schreien. Es sind Tausende von schwarzglänzenden Robben!

Ich lasse den Wagen am Fabrikgelände der Robbenschlägerei stehen. Das Gebiet ist Sperrgebiet für den Naturschutz und nur während der Monate Dezember bis Februar für Touristen freigegeben. Hier am Kreuzkap brandet die Dünung des Atlantik gegen 30 Meter hohe Felsen. Aber das starre Granitgestein lebt, Tausende von Robbenkörpern in allen Schattierungen von Tiefschwarz über Rehbraun bis zu einem stumpfen Beige, lassen den Fels verschwinden. Über den kegelförmigen Leibern schwanken die schmalen Köpfe mit den winzigen Ohrmuscheln in Wellenbewegungen hin und her. Verblüffend ist der watschelnde, aber außerordentlich schnelle Gang der Pelzrobben. Sie laufen auf den vorderen und hinteren Flossenfüßen, mit denen sie den ganzen Körper hochstemmen. Es wirkt wie eine Schlange, die auf Stelzen läuft. Die großen, feucht schimmernden Augen sehen unter Wasser sehr scharf, auch auf große Entfernungen. Auf dem Land sind Geruchssinn und Gehör bedeutend besser ausgebildet als das Sehvermögen.

Ich nähere mich einer Gruppe auf einem vorspringenden Felsen auf allen vieren. Die Szenerie erinnert an mittelalterliche Gemälde vom Höllensturz. Ich muß mich an dieser Gruppe mit den Augen festhalten, sonst bleibt alles ein Dschungel aus Tierleibern. Da habe ich sie entdeckt. Ihr Fell ist trocken und hellbraun. Sie muß noch jung sein. Im Rhythmus der Wellen wiegt sie ihren Körper, der knochenlos zu sein scheint. Die langen, weißen Schnurrbarthaare zittern wie bei einer Katze. Ganz deutlich höre ich dicht bei ihr ein Blöken. Die Robbenkuh beugt den Kopf, rollt den

Körper auf die Seite und bietet ihre Bauchseite mit den sechs Zitzen dem tiefschwarzen Knäuel, bei dem der Kopf viel zu groß ist. Das zufriedene Schmatzen geht in dem »Mäh, Mäh« der anderen Neugeborenen unter.

Hinter meiner Robbengruppe tummeln sich fast 20 Tiere auf dem überkippenden Kamm einer zehn Meter hohen Welle. Der Kunst jedes menschlichen Surfers spottend, schießen sie den Wellenkamm entlang, tauchen senkrecht nach unten und springen über die nächste Welle hoch. Sie tanzen, als gäbe es weder die messerscharfen Kanten der Granitfelsen noch die tödliche Wucht des Wassers.

Welch eine Welt, und wie viele Fragen!

Auf der Robbenstation treffe ich Hans Jochen Kleyenstüber. Er ist der Sohn des ehemaligen Besitzers der Fangstation, heute Diplomat der Republik Südafrika.

Wir hocken auf der steinernen Umzäunung des kleinen Hausgartens. Die Steine sind kopfgroße Rosenquarze. Sie stammen aus einer freiliegenden Quarzmine nur wenige Kilometer vom Kreuzkap entfernt. Es ist der schönste Zaun, auf dem ich je saß!

Vor uns steht die Gedenktafel für Martin Behaim aus Nürnberg. Er war 1485 dabei, als der erste Weiße, der Portugiese Diego Cão diese Stelle erreichte. Fünf Jahre nach dieser Expedition kehrte Behaim nach Nürnberg zurück und ließ den ersten Globus anfertigen. Er nahm nicht an der zweiten Reise Cãos teil, aber in seinem Kopf war die Welt fertig, obwohl er sie nie ganz gesehen hatte.

»Herr Kleyenstüber, hier lebt die größte Robbenkolonie des afrikanischen Kontinentes. Wie viele Tiere wurden durch Luftbeobachtungen geschätzt?«

»Auf der vier Kilometer langen Küstenstrecke kann man mit 120 000 bis 130 000 Tieren rechnen. Die größte Robbenkolonie ist auf den Pribiloffinseln bei Alaska, dort soll es zwei Millionen Tiere geben. Unsere Kolonie hier hat die Größe einer mittleren Stadt, wobei sich der Lebensraum der Tiere vom Strandgebiet bis 200 Kilometer in den Atlantik ausdehnt. Die Robben kommen eigentlich nur zur Geburt und zur Paarung ans Land. Sie schlafen auf See.

Ihre Tauchfähigkeit ist wegen des hohen Sauerstoffgehalts des Blutes ausgezeichnet. Sie können bis zu zwanzig Minuten unter Wasser bleiben.

Die Tragzeit der weiblichen Tiere liegt etwa bei acht Monaten. Gleich nach der Geburt folgt die erneute Paarung. Das ist meist Ende November. Ein weibliches Tier ist mit knapp zwei Meter Länge und 150 Kilo Gewicht bedeutend kleiner als der Robbenbulle, der fast vier Meter und 400 Kilo erreicht. Die Neugeborenen mit ihrem tiefschwarzen Fell wiegen höchstens fünf Kilo und sind bis zu 60 Zentimeter lang.

Eigenartig ist bei den südafrikanischen Robben, daß die Geburt meist in den Nachtstunden stattfindet. Die Jungen werden bis zum zehnten Monat gestillt. Erst nach dem zweiten Monat beginnen sie mit ihren Schwimmübungen. Während zum Beispiel Raubkatzen ihren Jungen das Beuteschlagen beibringen, kümmert sich eine Robbenmutter nicht darum. Die Jungtiere lernen in kleinen Gruppen oder allein, wie sie an ihre Nahrung kommen.«

»Und wie bekommt der Mensch nun die begehrten Felle, über die sich Tierfreunde, Pelzliebhaber und die Pelzindustrie seit Jahren im Blätterwald Schlachten liefern?«

Kleyenstüber blickt an mir vorbei zu den großen Brandungswellen. Die meterhohe Gischt ist gemustert mit schwarzen Gedankenstrichen: springende Robben, die völlig schwerelos erscheinen. Sie bevölkerten unsere Erde schon vor 70 Millionen Jahren.

»Ich will Ihnen beide Seiten des Robbenschlagens erklären. Für Felle kommen nur Jungtiere zwischen dem fünften und siebten Monat in Frage. Sie haben das seidige, kurze, hellbraune Fell unter den bis zu zehn Zentimetern langen Oberhaaren. Um die wertvollen Seal-Mäntel zu bekommen, muß das Oberhaar geschoren, das helle Seidenhaar dunkel gefärbt werden.

Die Jungtiere werden zwischen Juli und Oktober getötet, also in unserer Winterzeit. Mein Vater holte bereits im April die Arbeiter mit Lastkraftwagen aus dem Ovambo- und Damaraland. Anfang Dezember wurden sie wieder nach Hause gebracht. Auf der knapp zwei Hektar großen Fangstation waren damals schon die Unterkünfte, die Fabrik und die Friedhöfe für Schwarze und Weiße.

Tagelang werden die Herden auf den Klippen genau beobachtet. Die Arbeiter versuchen nun, die Jungtiere von den Müttern zu trennen. Mit einem Schlag auf den Kopf, die Hirnschale ist noch dünn wie eine Eierschale, wird das Tier getötet. Der Fang wird sofort zur Station gebracht und fachgerecht ausgeweidet.

Dann beginnt die Arbeit der Damaras. Sie trennen mit einer unwahrscheinlichen Geschicklichkeit das weiche Leder von der Speckschicht.

Das Fell, es hat eine Größe von 70 mal 120 Zentimeter, wird gewaschen und eingesalzen. Dafür eignet sich nur ein bestimmtes Salz aus der Namib. Nach drei Wochen werden alle Felle in Holzfässer eingelegt und nach England oder Kanada verschifft. In den beiden Ländern leben die einzigen Firmen, die wissen, wie man die Felle in die begehrten Pelze verwandelt. Unserer Pelzindustrie ist das bisher nicht gelungen.

Das Robbenfleisch enthält viel Phosphate. Es wird als Fett und Mehl auf Viehweiden verfüttert. Für die Damaras ist Robbenfleisch mit Curry eine ausgesprochene Delikatesse.

Meine Familie besaß das Kreuzkap von 1946 bis 1976. Damals töteten wir im Jahr ungefähr 5 000 Tiere. Als das Wirtschaftsministerium in Südafrika den Fang von 20 000 Tieren verlangte, war das weder arbeitsmäßig noch von der Anlage her möglich.

Die Robbenkolonie hat sich seit dem letzten Weltkrieg von 60 000 auf gute 130 000 Tiere vermehrt.«

Kleyenstüber schweigt eine Weile, dann fährt er fort.

»Namibia muß, um unabhängig zu werden, seinen Fischfang zu einer Exportindustrie ausbauen. Kommerzieller Fischfang existiert bei uns erst seit 1945. Nun braucht aber eine Robbe pro Tag knapp drei Kilo Fisch. Auch wenn man berücksichtigt, daß kranke, junge Tiere und Robben in der Brunstzeit weniger fressen, braucht diese Robbenkolonie innerhalb von 24 Stunden über 500 Tonnen Fisch. Um den Hunger in der Welt zu stillen, müssen immer mehr Lebensmittel aus dem Meer geholt werden.«

Mir fällt die Heulerstation Norden an der ostfriesischen Küste ein. Verlorengegangene Seehundbabys, die Heuler, werden zum Teil mit Hubschraubern gebracht und aufgezogen.

Ein Küstenschiff bringt sie Ende des Sommers gut genährt auf See in die Freiheit.

Europa – Afrika. Können unsere Erkenntnisse auch immer für Afrika gelten?

Es ist eine Mondnacht. Bevor ich nach Swakopmund zurückfahre, warte ich den Untergang des Mondes neben dem Kreuz von Diego Cão ab. Die Leiber der Robben wirken jetzt wie aus purem Silber. Die Stimme des Meeres beherrscht die Nacht. Feiner Sand, wie aus einer Streusandbüchse auf den Schreibtischen des 19. Jahrhunderts, weht über die flache Felskuppe.

Feiner Sand wurde früher statt Löschpapier benutzt. Die Tinte trocknete dadurch schneller. Hier weht der Sand über eine jahrhundertealte europäische Geschichte. Weiße Entdecker rissen die älteste Wüste aus ihrer Zeitlosigkeit in die Zeitrechnung der Christenheit. Sie setzten ihre großen steinernen Kreuze, die Padraos, an die menschenleere Atlantikküste südlich des Kunene.

4. Die Weißen kommen

Mit kleinen, plumpen Holzschiffen versuchten die Portugiesen seit dem Beginn des 15. Jahrhunderts den Seeweg nach Indien um den afrikanischen Kontinent herum zu finden. Der arabische Angriff auf das Abendland war abgeschlagen. 1471 war Tanger von den Christen erobert worden. Bereits zwölf Jahre später erreichten ihre Schiffe die Kanarischen Inseln. 1460 stießen portugiesische Schiffe über die Kapverdischen Inseln nach Süden bis zur Mündung des Kongo vor.

Die kleinen Karavellen waren zwischen 20 und 30 Meter lang und knapp neun Meter breit. Zwei oder drei Masten trugen dreieckige Segel, die auch bei Gegenwind gesetzt werden konnten. Ihre technischen Hilfsmittel in der unbekannten Wasserwüste waren der Kompaß und das Astrolabium. Der Kompaß mit Magnetnadel war bereits seit 1250 bekannt. Das Astrolabium hatten die Griechen erfunden, mit ihm konnte der Winkel zwischen Sonne und Sternen festgestellt werden.

1482 ging Diego Cão von Lissabon aus auf große Fahrt. In seinem Laderaum lagen große Steinkreuze. Bisher war es portugiesischer Brauch gewesen, hölzerne Kreuze an Afrikas Küste zu errichten. Man wollte damit der Welt zeigen: So weit kamen wir. Aber das Holz faulte am Äquator. Die neue Weltmacht holte sich Kalksteinsäulen aus den Steinbrüchen des Heimatlandes. Sie waren zweieinhalb Meter hoch und wogen 400 Kilo. Inschriften auf einem vierkantigen Block gaben genau die Daten der Expedition bekannt.

Diego Cão konnte nicht ahnen, daß seine »Visitenkarten« einst als unbezahlbare Denkmäler in den verschiedenen Museen der Erde stehen würden. Das erste Padrao stellte

Cão am südlichen Ufer des Kongo auf, im heutigen Angola. 1859 wurde es gefunden, heute ist es im Museum von Lissabon.

Das zweite Padrao verankerte seine Mannschaft auf einer felsigen Landspitze bei dem heutigen Kap Santa Maria, fünfhundert Kilometer südlich der angolesischen Hauptstadt Luanda. Dieses steinerne Kreuz kam 1886 nach Lissabon zurück.

Diego Cão brach seine Reise unvermittelt ab. Glaubte er, weil die Küste jetzt nach Nord-Osten zurücksprang, daß sein Ziel, das Ende Afrikas, erreicht war?

König Johann II. von Portugal adelte den Seefahrer. In seinem Wappen waren zwei Padraos. Spaniens König wollte weiter nach Süden. Zur gleichen Zeit versuchte Kolumbus, mit Portugals Hilfe, auf einer Westfahrt den Weg nach Indien zu finden. Für Portugal war der Weg an Afrikas Küste entlang nach Indien aber sicherer als der Weg über den unbekannten Atlantik. Also lief 1485 Cão zu seiner zweiten Reise aus. Er segelte 300 Kilometer südlich von Kap Santa Maria. Am heutigen Grenzfluß Kunene zwischen Angola und Namibia errichtete er sein drittes Padrao. Weiter ging seine Fahrt an einer Küste entlang, die heute wie damals einer Mondlandschaft gleicht. Dort stellte er sein viertes und letztes Kreuz auf. Es war an einem flachen, felsigen Kap. Cão gab dieser Stelle keinen Namen. Es gibt auch keine Berichte, warum Cão jetzt wieder nach Norden drehte. Es gibt keine Eintragung im Logbuch, und die Schiffe kehrten ohne ihn zurück. Über seinen Tod ist nichts bekannt.

Das letzte Kreuz, das der Portugiese aufstellte, legte einen weiten Weg zurück, bis es zu seinem heutigen Platz, dem Meereskundemuseum im östlichen Teil des geteilten Berlin, kam.

1893 hatte Kapitän Becker, der Kommandant des deutschen Kreuzers »Falke«, seine Fahrt zwischen der deutschen Kolonie Togo und dem Kap der Guten Hoffnung unterhalb des Kreuzkaps unterbrochen. Auf der Suche nach Süßwasser fand man das halb umgefallene Kreuz. Becker brachte es auf seinen Kreuzer und errichtete an der gleichen Stelle ein fünf Meter hohes Holzkreuz. Im Golf von Guinea übernahm der Dampfer »Stettin« das Kreuz von Diego Cão und brachte es am 17. November 1893 nach Wilhelmshaven.

Von da kam es in die Kaiserliche Marineakademie nach Kiel. Die letzte Reise ging in das Museum nach Berlin.

Auf Befehl Kaiser Wilhelms II. wurde eine Nachbildung des Kreuzes aus Granit angefertigt und beim Kreuzkap aufgestellt.

Die geschützte Einbuchtung, wo einst die Schiffe Diego Cãos umkehrten, wurde in der ganzen Welt unter dem englischen Namen »Cape Cross« – Kreuzkap – bekannt.

Aber bereits 1487 verließ Bartolomëu Diaz Lissabon und fuhr auf den Spuren des verschollenen Diego Cão nach Süden. Er war vom Schicksal zum Sieger bestimmt, obwohl er es selbst nie erfuhr. Diaz landete unterhalb vom Kreuzkap in Höhe des 25. südlichen Breitengrades. Heftige Stürme trieben seine Schiffe weiter nach Süden. Als er in der Algoabay Anker warf – heute liegt hier Port Elisabeth –, hatte er Afrikas südliches Ende schon umschifft. Aber er wußte es nicht. Er fuhr weiter. An der Mündung des Großen Fischflusses – heute East London – zwang ihn die meuternde Mannschaft zur Umkehr. Seine Fahrt hatte die Weltkarte verändert.

Unter der Wucht der »brüllenden Vierziger«, jener Sturmzone von West nach Ost, die auch heute noch alle Schiffe ans Kap der Guten Hoffnung zwingt, war Diaz die Umseglung Afrikas geglückt. Er nannte das vorspringende Kap auf seiner Karte »cabo tormentoso«: stürmisches Kap. Erst der

Mann, der zehn Jahre später bewußt Afrika umsegelte und den Weg nach Indien fand, nannte das Kap dann »cabo da boa esperanza«: Kap der Guten Hoffnung. Es war Vasco da Gama, der aus einer portugiesischen Adelsfamilie stammte und als Vizekönig von Ostindien starb. Auf seinem Geschwader von vier Schiffen war Gonzales Alvares Kapitän. Er gehörte einst zur Mannschaft von Diego Cão. Am 22. November 1497 gelang die Fahrt um Afrikas Südspitze. Weihnachten segelten die Portugiesen an der fruchtbaren Küste des heutigen Natal entlang. Sie nannten das Land auf portugiesisch »Natal«: Weihnachten. Das Denkmal von Vasco da Gama steht heute an der breiten Hafenstraße von Kapstadt.

Der Weg nach Indien war frei. Seitdem fahren alle Schiffe weit draußen an der wasserlosen Küstenstrecke von Namibia vorbeit. Sie scheuen dieses Ufer, wo Meer und Wüste eine menschenfeindliche Ehe eingegangen sind.

Vielleicht konnte deshalb die Küste von Südwestafrika ihren Reichtum an Edelsteinen, Erzen und Metallen bis in unsere Zeit für sich behalten.

Zu den Steinen der Portugiesen kam 1884 ein neuer Meilenstein in der Geschichte des weißen Mannes. Am Kreuzkap wurde eine hölzerne Tafel aufgestellt. Sie war an einen schwarz-weiß-roten Pfahl genagelt. Weithin lesbar stand in deutscher Schrift: »Vom 26. bis 18. Breitengrad mit Ausschluß von Walfischbucht deutsches Protektorat.«

In Lüderitzbucht, Sandwichhafen, Swakopmund und am Kap Fria wurden ebenfalls deutsche Protektoratspfähle errichtet.

Sie waren Zeugen einer – nur – einunddreißigjährigen deutschen Verwaltung. Die Fahne des deutschen Kaiserreiches wehte von 1884 bis 1915 über diesem Land.

Wenn es auch schwer verständlich ist, aber diese kurze

Zeit hat dem Land bis heute sein Gesicht gegeben.

In einer Forschungsarbeit der Stanford-Universität in Kalifornien über deutsche Kolonien in Afrika heißt es wörtlich: ». . . die Deutschen bauten in kürzester Zeit eine westliche Verwaltung auf. Sie legten die Grundsteine eines zukünftigen Staates. Die koloniale Elite erreichte, daß die deutschen Gebiete in Afrika Anschluß an die Weltwirtschaft fanden. Die Deutschen führten neue Berufe und Kunstfertigkeiten ein. Sie erweckten wirtschaftliche Bedürfnisse gleichzeitig mit neuen wirtschaftlichen Möglichkeiten. Deutscher Kolonialismus war eine treibende Kraft für die Neugestaltung mit durchgreifender Wirkung für die Zukunft. Die deutsche Herrschaft gab den afrikanischen Völkern neue Alternativen und Chancen.«

Ich glaube nicht, daß man solche Sätze in einem deutschen Buch der letzten beiden Jahrzehnte finden kann, geschweige denn in einem Schulbuch. Trotzdem sind sie wahr.

Ich fahre Richtung Swakopmund. Der Mond wirft immer längere Schatten. Sein Licht scheint die Kühle der Nacht zu verdoppeln.

Als im Osten der schwache orangefarbene Streifen der aufgehenden Sonne über der Namib erscheint, erreiche ich Swakopmund.

5. Swakopmund – unser Erbe

Während einer Vortragsreise traf ich in Oldenburg einen Deutschen aus Ostpreußen. Er war Flüchtling und hatte sich wieder eine Existenz als Pferdezüchter aufgebaut. Er erzählte mir: »Als fast Siebzigjähriger konnte ich mir den Traum meiner Kindheit erfüllen. Ich war im letzten Jahr in Südwestafrika. Ich hatte vorher alles gelesen, was ich über das Land finden konnte. Als ich dann durch Swakopmund lief, glaubte ich in einer Stadt meiner Kindheit zu sein. Jede Straße, der Bahnhof, die Mole, die Apotheke . . . Obwohl ich vorher nie dagewesen bin und alles nur aus Büchern kannte, es war mir vollkommen vertraut.«

Das ist vielleicht die beste Beschreibung über eine Stadt, die 1983 ihr hundertjähriges Bestehen feiert. So seltsam es klingt, Swakopmund ist viel deutscher als manche Stadt in Deutschland. Wenn wir sagen, hier ist die Zeit stehengeblieben, meinen wir es abwertend oder voller Hochachtung. Wie kommt es, daß Vergängliches sich so unbeeinflußt erhalten konnte?

Aber dann kommt gleich die zweite Frage: Was wissen unsere Kinder von dieser deutschen Geschichte? Es gibt wohl keine »objektive« Geschichtsschreibung, jede Generation entdeckt ihre Vergangenheit neu. Es gibt nur eine Sünde, die Vergangenheit zu vergessen.

In Swakopmund scheint Hamburg nicht 18 000 Kilometer entfernt zu liegen. An der Landungsbrücke, wo nie ein Schiff anlegte, stehen seit eh und je die Angler. 1911 wurde die stählerne Brücke gebaut. Sie sollte fast einen Kilometer lang in den Atlantik führen, um größeren Schiffen Landungsmöglichkeiten zu geben. Beim Ausbruch des Ersten

Weltkrieges wurde die Arbeit eingestellt. Das Stahlgerüst wurde zum Denkmal, das der Atlantik bis heute nicht zerstören konnte.

Die Strandstraße führt direkt zum höchsten Punkt von Swakopmund, dem Leuchtturm. Er wurde 1902 eingeweiht und 1910 bereits von 11 auf 22 Meter erhöht. Heute mißt der rot-weiße Turm 35 Meter, und sein Leuchtfeuer hat eine Reichweite von 35 Seemeilen. An ihm vorbei führten die Wege aller Einwanderer in die neue deutsche Kolonie. 1883 hatte Curt von François, der vier Jahre vorher noch in dem britischen Gebiet von der Walfischbucht landen mußte, am Ufer des Swakop eine Militärstation errichtet. Der erste deutsche Gouverneur hoffte, dem Atlantik hier einen Hafen abzuringen. Passagiere und Frachtgut mußten bis zum Ersten Weltkrieg von den außerhalb der Mole liegenden Schiffen geholt werden. Der Atlantik ist bis heute stärker geblieben.

1902 wurde die Eisenbahnlinie Swakopmund-Windhoek fertiggestellt. Bereits 1906 führte die erste Eisenbahn bis in das Minengebiet von Tsumeb. Ein Jahr später war Keetmanshoop mit Windhoek verbunden. 1912 erreichte die Eisenbahn den einzigen natürlichen Hafen der deutschen Kolonie: Lüderitz.

2500 Kilometer Eisenbahnschienen, von der deutschen Kolonialverwaltung gebaut, sind auch noch heute das Rückgrat des zukünftigen Staates Namibia.

Einer der wenigen Bahnhöfe in der Welt, die unter Denkmalschutz stehen, ist der Bahnhof von Swakopmund. Der »Wilhelminische Stil« mit Säulen, Portalen, Türmen und Bogenfenstern hat hundert Jahre in allem Glanz überdauert.

Ich gehe vom Bahnhof durch die Schloßstraße in nördlicher Richtung und komme zum zweitschönsten Gebäude der Stadt, dem Gefängnis. Es erinnert an ein Landhaus mit gewellten Kupferdächern, schwarz-weißer Fassade und hohen Fenstern. Es ist wohl das ansehnlichste Gefängnis der Welt. Während in der »Fledermaus« ein fideles Gefängnis unsterblich wurde, stellte die Stadtverwaltung von Swakopmund 1973 ihr Gefängnis unter Denkmalschutz.

Ein großes Fachwerkhaus in der Bismarckstraße könnte es mit jedem Gildehaus in einer deutschen Hansestadt aufnehmen. Es ist das Woermannhaus. 1894 wurde die Damara- und Namaqua-Handelsgesellschaft gegründet. Das Unternehmen ließ sich von dem deutschen Architekten Friedrich Hoeft den repräsentativen Bau in Swakopmund errichten. Die fensterreiche Hausfront umschließt einen immergrünen Innenhof. Im Nordwesten des Gebäudes steht der »Damaraturm«. Er diente als Flaggenmast, Ausguck, Navigations- und Wasserturm. Das Woermannhaus war eine kleine Festung.

In den sechziger Jahren drohte dieses Stück Geschichte abgerissen zu werden. Aber da bewährte sich das alte Sprichwort: Es gibt Südwester und Swakopmunder.

Man sammelte in der Stadt Geld, um das Woermannhaus zu erhalten, und machte es zu einem Kulturzentrum mit einer großen Bibliothek über Afrika. Über dem Eingang hängt noch immer der alte Spruch:

Jeder lasse die Zwietracht vor der Tür.

In diesen Mauern möge Eintracht dauern.

An der Ecke Bismarck- und Kaiserstraße steht die Adlerapotheke. Über ihrer Tür hängt noch immer der deutsche Reichsadler. Seit 1909 wechselte die Apotheke nur dreimal den Besitzer. Nur ein paar Meter weiter kauft man in dem alten »Laden Borchert« seit achtzig Jahren seine Blumen.

In der Moltkestraße beherrscht das zweistöckige »Hohenzollernhaus« das Straßenbild. Löwen flankieren das Säulenportal. Stuckgirlanden schmücken die Fenster. 1905 wurde es von der Kaufmannsfamilie Dietz gebaut.

Ausgezeichnet schmeckt das »Hansa-Pils« im Hotel »Fürst Bismarck« in der Kaiserstraße. Das Haus hat eine bewegte Geschichte. Sein glanzvollstes Fest hatte es im Februar 1903. Die Südwester feierten den Bau der Mole von Swakopmund. Der Wellenbrecher war 375 Meter lang und hatte einen Querarm von 35 Meter. Damit glaubten die Siedler dem Atlantik trotzen zu können und dem englischen Naturhafen Walfischbucht einen gleichwertigen deutschen Hafen entgegenzusetzen. Sie haben sich geirrt.

Die Sandmassen, die der unterirdisch fließende Swakop anschwemmte und noch immer anschwemmt, dazu die ungebrochene Wucht der Brandung haben bis heute einen Hafenbau unmöglich gemacht.

Dieses große Land, Südwestafrika-Namibia, braucht zu seiner Unabhängigkeit einen eigenen Hafen. Zwischen dem 17. bis 28. Breitengrad, das ist eine Küstenlänge von 1600 Kilometer, gibt es nur einen benutzbaren Hafen: die Walfischbucht. Dieses Gebiet, so groß wie Hongkong, gehörte seit 1878 zum britischen Kolonialreich und ist seit 1961 Staatsgebiet der Republik Südafrika.

Aber 1903 entfachte die Fertigstellung der Swakopmunder Mole eine ungeheuere Begeisterung. Aus Kapstadt kamen der deutsche Konsul und Vertreter der Heimatvereine. Staunend sahen die Damaras und Ovambos den Freudentaumel der Weißen.

Keiner konnte in dieser Stunde ahnen, daß nur Monate später in diesem völlig unzulänglichen Hafen Soldaten, Pferde, Munition und Lebensmittel umgeschlagen werden mußten.

Anfang 1904 begann der Aufstand der Herero gegen die deutschen Siedler. Samuel Maharero und seine Krieger ermordeten am 12. Januar 1904 123 weiße Siedler. Von Hamburg aus gingen 27 Transportschiffe nach Südwest. Über 700 Offiziere, 12 000 Passagiere und 8500 Pferde mußten bei Swakopmund an Land gebracht werden. Alle Schiffe mußten durch Leichter entladen werden. Für die Pferde wurden spezielle Landungsflöße gebaut, die mit einer Dampfwinde Richtung Land gezogen wurden. Die letzte Strecke mußten die Tiere durch die Brandung schwimmen.

Die »Woermann-Linie« mußte in diesen hektischen Monaten am Jahresanfang 1904 über 12 000 Kruneger von der westafrikanischen Goldküste einstellen. Bereits seit der Jahrhundertwende hatten diese Kruneger – wie sie auch heute noch in Liberia und Sierra Leone heißen – mit ihren wendigen Booten die Ausschiffung der auf Reede liegenden Dampfer übernommen. Sie beherrschten damals und heute die Kunst, mit den lang anlaufenden Brandungswellen sicher umzugehen.

Bis 1906 kamen viele fremde Arbeiter nach Swakopmund. Schwarze aus Togo und Accra. Über 1000 Italiener, die am Bau der Eisenbahn nach Omaruru arbeiteten. Im Hotel »Grüner Kranz« kochten Italiener für ihre heimwehkranken Landsleute. Hier gibt es auch heute noch die besten Spaghetti!

Swakopmund war im ersten Jahrzehnt unseres Jahrhunderts trotz aller Schwierigkeiten eine wirtschaftlich aufblühende Stadt. Und sie ist es 1981 wieder, wenn auch die Ursachen ganz andere sind.

Ich biege von der Roonstraße in die Poststraße ein. Im »Hansa-Hotel« – es besteht seit 1905 – erwartet mich ein Mann, dessen Firma eigentlich das Jahr 2000 vertritt. Das erste Jahrhundert davon scheint die gleichen Schrecken und Fortschritte zu haben wie das vergangene.

Ich warte in der Eingangshalle neben einer großen Weltkarte. Die Glastür zum Innenhof ist geöffnet. In tropischer

Üppigkeit wachsen vor den bungalowähnlichen Appartements Blumen. Die schwarze Katze der Besitzerin, Frau Scheithauer, schnurrt um meine Beine.

Ich ertappe mich, wie ich mich auf das Abendessen freue. Königsberger Klopse, Blattspinat mit frischem Lachs, Krautrouladen oder Sauerbraten und grüne Klöße. Ich lache laut auf, während ich die schwarze Katze auf meinen Schoß nehme. Immer habe ich mich entrüstet, wenn deutsche Reisende in Italien oder Spanien Eisbein mit Sauerkraut oder Wiener Schnitzel erwarten. Aber ich freue mich jetzt auf der anderen Hälfte unserer Erdkugel auf sächsische Klöße!

Nur, ich esse ja einheimische Küche! Bisher haben weder die »Nouvelle Cuisine« noch die »Snack-Bars« diesen Breitengrad erobert.

Man sollte die Geschichte eines Landes nicht nur an seinen Denkmälern aus Stein und Bronze, sondern auch an seinen alltäglichen Dingen messen. Das meiste erfährt man über ein Volk, wenn man seine Märkte und Friedhöfe besucht.

Ich erwarte meinen Gast.

6. Swakopmund – seine Zukunft

Dr. Ing. Walther Smith ist Mitarbeiter des größten Bergbauunternehmens in Südwestafrika, der Uranmine »Rössing«, siebzig Kilometer westlich von Swakopmund, mitten im Herzen der Namib.

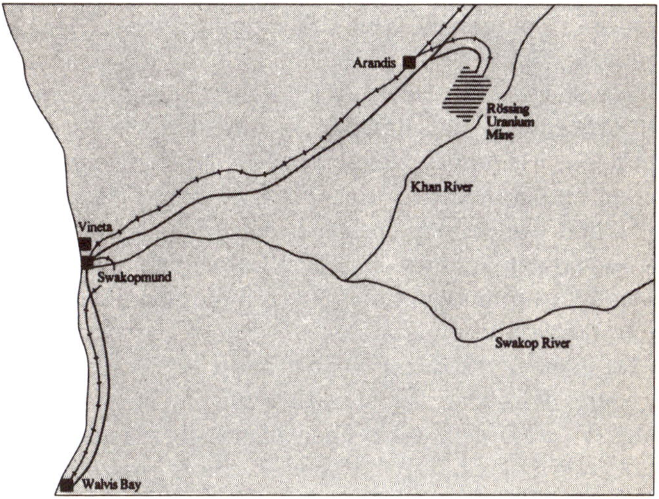

Die Rössing-Uran-Mine, die 60 km von Swakopmund entfernt, im Trockenbett des Khan-Flußes liegt. Es ist die größte Uranmine der Welt im Tagebau.

Die »Rössing-Mine« ist das größte Uranabbaugebiet der Welt. Dazu kommt eine geologische Seltenheit, zum ersten Mal wurden Uranablagerungen in Granit gefunden. Seinen Namen bekam das Bergwerk nach dem Rössinggebirge, wo auch der erste Abbau begann.

Die weithin sichtbaren, völlig vegetationslosen Berge

bekamen in der Kaiserzeit den Namen des deutschen Eisenbahnbeamten, des Geheimrats Rössing. Er gehörte zu den Pionieren der ersten Eisenbahnlinie von Swakopmund nach Windhoek.

Die Geschichte des Urans, das heute Tausende von Menschen beschäftigt, begann vor Millionen Jahren, als die Namib ein Teil des Meeres war. Zwei Flözgebirge wurden sichtbar, als die Wasser zurückgingen. Später drang flüssiges Magma aus der Tiefe und quoll über die Granitberge. Das im Fels eingeschlossene Uran wurde in Adern, Höhlen und freie Räume gedrückt.

Als erster kam der Deutsche Dr. Reuning dem Geheimnis der Wüstenberge auf die Spur. Er berichtete, daß von ihm gefundene Heliodore, gelbe Goldberylle, stark radioaktiv waren und mindestens 0,02 bis 0,04 Prozent Uranoxyd enthielten. Gleichzeitig wurden in den zwanziger Jahren die Rosenquarzvorkommen im selben Gebiet untersucht. Zum ersten Mal vermuteten Geologen, daß die gesamte Magmadecke radioaktiv sein könnte.

Wie in einem Kriminalroman geht die Suche weiter. 1928 wanderte der südafrikanische Hauptmann Peter Louw mit seiner Frau Margery, einer ehemaligen Röntgenassistentin des Guy-Krankenhauses in London, durch das zerklüftete Gebirge. Sie fanden eigenartige schwarze Steine und schickten sie in ein Forschunglabor nach England. Die Untersuchungen ergaben klar, daß das Gestein radiumhaltig war. Aber Ende der zwanziger Jahre bestand kein Interesse an Uran. Erst 1952 gründete Louw mit vier Mann ein Syndikat und erwarb neun Claims.

Die Welt brauchte inzwischen Uran. Die UdSSR hatte bereits 1946 begonnen, in ihrer Besatzungszone Deutschlands die Uranvorkommen bei Zwickau, Aue, Schneeberg und Joachimsthal abzubauen. Mit einem massiven Einsatz von Kriegsgefangenen und Zwangsarbeitern waren die Vorkommen im Untertagebau nach zehn Jahren erschöpft.

Der große Vorteil der »Rössing-Mine« ist, daß der gesamte Abbau im Tagebau vor sich geht. Trotzdem waren die Anfangsschwierigkeiten enorm: Es gab weder Wasser noch Straßen, weder Unterkünfte noch gelernte Arbeiter. Plötzliche Wolkenbrüche ließen den unterirdisch verlaufenden Khanfluß, einen Nebenarm des Swakop, zu einem reißenden Strom werden, der alle Erdarbeiten überschwemmte und mit sich riß.

In den sechziger Jahren kam es zu einem Zusammenschluß mit der britischen Minengesellschaft RTZ, Rio Tinto Zinc Corporation. Mit 30 Fachleuten und 90 täglich bezahlten, ungelernten Arbeitern begann es, heute arbeiten hier knapp 8000 Menschen, darunter 2000 Weiße aus verschiedensten Teilen der Welt.

Swakopmund ist längst aus seinem Dornröschenschlaf erwacht. Wer seinen Sommerurlaub in den heißen Monaten Dezember und Januar in dem »alten deutschen Seebad« buchen will, muß es ein Jahr vorher tun!

Walther Smith begrüßt mich in Deutsch mit englischen Brocken: »Ich habe nie gedacht, daß ich in Afrika Deutsch lernen werde«, lacht er. »Als Besatzungsoffizier in Deutschland gelang es mir nicht. Sie sprechen ja alle so gut englisch. Bitte warten Sie einen Augenblick, aber drei Kästen ›Hansa-Pilsener‹ müssen noch im Jeep verstaut werden.«

Dann fahren wir Richtung Westen zur Wüstenstadt Arandis. Sie liegt neben der »Rössing-Mine«.

»Let's shake hand with Martin Luther!« Smith betrachtet mich aus den Augenwinkeln, während er sich in die Autoschlange Richtung Vineta, einem neuen Vorort von Swakopmund, einfädelt.

Ich nicke. »Okay!« Ich kenne nämlich diesen »Martin

Luther«. Er steht wenige Kilometer vor der Stadt und ist eine alte Lokomotive. Sie hat hier ihren letzten Schnaufer getan, das soll geklungen haben wie: »Hier stehe ich, Gott helfe mir, ich kann nicht anders, Amen.« Deshalb heißt sie Martin Luther, eines der seltsamsten Denkmäler der Welt. In Wirklichkeit war es gar keine Lokomotive, sondern ein Lokomobil, denn es fuhr nicht auf Schienen. Es war eine mit Dampf getriebene Zugmaschine, die in der Lage sein sollte, schwere Wagen durch den Sand zu ziehen. Sie wurde für Südwest vor guten neunzig Jahren in Kassel gebaut. Sie fuhr nicht weiter als ein Dutzend Kilometer. Jetzt steht sie auf einem Zementsockel, während Eisenbahn und Autos an ihr vorbeifahren und die kleinen Maschinen vom nahen Flugplatz aus ihre aufsteigende Kurve über ihrem eisernen Körper ziehen.

Am Horizont scheinen die Rössingberge aus lila Amethyst zu bestehen. Manchmal glitzert es vor uns im graubraunen Sand. Die Wüste wirkt jede Stunde anders, denn ihr Gesicht ist ein Zusammenspiel zwischen Licht und nackter Erde, ohne die verwirrende Fülle der Pflanzenwelt.

Ich kann verstehen, daß ein Herero namens Katjiponda, als er durch die Wüstenlandschaft der Namib plötzlich zum Atlantik vorgestoßen war, den Ozean »Ejuru«, das heißt Himmel, nannte. Er glaubte, der Himmel sei auf die Erde gefallen. Bei den seltenen Regenfällen sagt der Herero »ejura ra u ezimui«, der Himmel ist auf die Erde gestürzt.

Walther Smith erzählt mir einiges von Arandis: »Bergbau in Südwest ist ausgesprochen teuer, da alles Notwendige herbeigeschafft werden muß. Aber der Uranverbrauch der Welt steigt. 1976 kaufte die westliche Welt, der Verbrauch der östlichen Seite kann nur geschätzt werden, 38 000 Tonnen Uran. 1986 werden es 138 000 Tonnen sein, also eine Verzehnfachung des Bedarfes. Die wichtigsten westlichen Ausfuhrländer sind die Vereinigten Staaten von Amerika,

Kanada und die Republik Südafrika. Veilleicht wird Südwestafrika mit dem Export bald an der Spitze stehen!«

Der Optimismus von Smith wirkt ansteckend. Er fährt fort: »Wir arbeiten rund um die Uhr. Innerhalb einer Siebentagewoche werden über eine Million Tonnen Erz und Abraum bewegt. Das gelöste Gestein wird auf Lastwagen mit einer Tragfähigkeit von 170 Tonnen geladen. Die bringen das uranhaltige Erz zum Primär-Zerstoßer und den Abraum auf die Halden außerhalb der Mine.

Wir haben jetzt die elfte Sohle erreicht, im Tagebau sind wir auf 170 Meter Tiefe durchgestoßen. Wir glauben, bis über 300 Meter fündig zu bleiben!«

»Das wäre ungefähr die angestrebte Tiefe des Braunkohletagebaus bei Köln. Allerdings haben wir da andere Probleme mit dem Wasser . . .«

Smith unterbricht mich lächelnd.

»Ja, genau die umgekehrten Wasserprobleme wie wir. Der Braunkohletagebau muß Grundwasser abpumpen, um nicht zu ersaufen. Wir müssen versuchen, Wasser zu beschaffen, um arbeiten zu können. Das mit dem Wasser ist eine verdammte Sache!

Ich habe auch oben in Skandinavien im Erzbergbau gearbeitet, aber da hat der liebe Gott zum Erz das Wasser geliefert. Wir müssen das Wasser aus dem unterirdischen Flußbett des Kuiseb aus 80 Meter Tiefe pumpen. Seit einem Jahr zapfen wir das Wasser des Omaruru an; der fließt 150 Kilometer nördlich unserer Mine. Aber das schlimme ist, daß wir durch diese Eingriffe die ökologische Struktur der Wüste verändern. Wir merken das vor allem am Kuiseb. Der starke Tiefenstrom wird durch das Rote Riff gehindert, bei Walvis Bay ins Meer zu strömen. Wir entnehmen ihm Wasser, und in die entstandenen Hohlräume dringen jetzt Salze und Gipse, also gesteinsbildende Mineralien ein. Die Wüste stirbt.

In dreißig Tagen braucht unsere Mine so viel Wasser, wie Swakopmund, Walvis Bay und Lüderitz in einem Jahr benötigen!«

Smith schüttelt den Kopf. »Warum ist es den Menschen noch nicht gelungen, Wasser künstlich herzustellen? Bei genügend Wasser können wir 5000 Tonnen Uranoxyd pro Jahr liefern. Ein Faß Uranoxyd enthält die gleiche Energie wie 23 000 Fässer Rohöl!«

Ich gebe es auf, die Energie nachzurechnen, die in diesem gewaltigen »Loch« von Rössing steckt.

»Naja, es fehlt auch noch manches andere. Zum Beispiel Schwefelsäure. Die braucht man, um das Uran aus dem Muttergestein zu lösen. Südafrika kann uns nichts abgeben. Die benötigen es für ihre Minen am Witwatersrand. Hier helfen uns die Russen. Morgen legt die ›Kaliningrad‹ in Walvis Bay an und bringt uns Schwefelsäure. Das Schiff nimmt Urangestein mit, reichert es in der UdSSR an und verkauft es an die Kraftwerke Westeuropas, that's life!«

In der Minenstadt Arandis blühen Blumen, läuten die Glocken einer Kirche, neben dem Bahnhof beginnen die Reparaturwerkstätten. Hinter der Klinik steht das Computerbüro. Hier arbeitet ein Teil der knapp 8000 Beschäftigten. Die anderen fahren in ihre Wohnorte bei Swakopmund. An der Küste in Venetia leben die weißen Arbeiter. Gleich dahinter beginnt »Tamaraskia« für die Farbigen; im leicht hügeligen Gelände von Mondesa wohnen die Schwarzen. Grenzen oder Kontrollen zwischen den einzelnen Wohnvierteln gibt es nicht.

Smith gibt die drei Kisten Bier ab, und wir fahren zu dem kleinen Flugplatz, der die Mine mit der Zentrale in Windhoek und damit mit den internationalen Luftlinien verbindet.

»Wir versuchen jetzt die Ovambos, Damaras und Herero,

die drei Völker stellen die meisten Arbeiter, nach einem bestimmten Prinzip auszubilden. Jeder hat die Möglichkeit, sich vom einfachen Handlanger zum Vorarbeiter hochzuarbeiten, indem er durch Selbsterziehung seine Leistung steigert. Er muß Vertrauen zu sich selbst und ein Zugehörigkeitsgefühl zum Werk bekommen. Deshalb haben wir auch Altersrenten, Witwen- und Kindergelder. Für Europa ist das ja alles selbstverständlich, jedenfalls für einen gewissen Teil. Für Afrika ist das die Zukunft, der Silberstreif am Horizont für das Jahr 2000.

So haben wir auch verschiedene Haustypen entwickelt: einfache, teure und Bungalows mit Gärten und Garagen. Sobald ein Arbeiter eine höhere Stellung erreicht hat, bekommt er die Chance, mit seiner Familie in ein besseres Haus zu ziehen.

Daran sind vor allem die Frauen interessiert. Ein Teil des menschlichen Glückes liegt nun einmal darin, daß man den anderen zeigen kann, was man erreicht hat.

Neu ist unser ›Kadettensystem‹. Langsam soll dadurch eine Techniker- und Managergeneration nachwachsen. ›Kadett‹ kann jeder Namibier zwischen dem 18. und 26. Lebensjahr werden. Er braucht einen Schulabschluß, am besten das Abitur. Dann durchläuft er in einem Jahr alle Abteilungen der Mine. Wird seine Eignung bestätigt, schickt ihn ›Rössing‹ für sechs Semester an eine auswärtige Universität. Danach beginnt hier in der Mine seine Karriere. Wir sind mit den ersten Erfahrungen zufrieden.«

Wir steigen in die einmotorige Sportmaschine und kreisen über dem riesigen Tagebau. Die schrägstehende Sonne läßt das aufgebrochene Gestein in undurchsichtigen Regenbogenfarben leuchten. Es ist eine Mondlandschaft ohne Wasser, ohne Erde. In großen Abständen liegen Kreuze, die aus weißgekalkten kopfgroßen Steinen zusammengesetzt sind. Jedes Kreuz hat einen Durchmesser von gut zehn Metern. Auf meine Frage erklärt Walther Smith: »Wo die Kreuze liegen, ist das Gestein uranhaltig, das sind unsere Markierungen.«

Ich starre auf die unheilvoll wirkenden Kreuze und versuche mein Schulwissen aufzufrischen. Uran kommt in der Natur nicht rein, sondern nur in Verbindungen vor. Es zerfällt mit einer Halbwertzeit von 4,5 Milliarden Jahren und sendet dabei α-, β- und γ-Strahlen aus. Viel mehr habe ich eigentlich nie verstanden. Das Erschreckende ist nur, daß man den Zerfallsprozeß beschleunigen, aber nie aufhalten kann.

Auf der Welt-Energiekonferenz im September 1980 in München erklärte Professor Klaus Knizia, Präsident des deutschen nationalen Komitees: »Ohne weltweite kräftige Entwicklung der Kernkraft und der Brütertechnik können uns die Ölförderländer ihr Öl nicht mehr geben. Die Alternative zur Kernenergie heißt daher Hungertod für Millionen. Noch zwei Jahrzehnte muß das Öl in der heutigen Größenordnung zur Deckung des Energiebedarfes der Welt beitragen. Wir können dies den Ölförderländern aber nur zumuten, wenn sie sicher sein dürfen, daß sie auch nach dem Ölzeitalter ihren ungewöhnlich gestiegenen eigenen Energiebedarf (Meerwasserentsalzung, Klimatisierung, Düngemittelfabrikation) aus neuen Quellen decken können.

Diese neuen Quellen sind Kernkraft und Brütertechnik. Sie müßen weltweit – auch in den Entwicklungsländern – mit großem Tempo entwickelt werden. Ohne Kernkraft wird es auch keinen Weltkohlemarkt geben, weil die Kohle dann in den Förderländern zur Erzeugung von elektrischer Energie benötigt wird.

Wir werden im Jahr 2000 über 6,5 Milliarden Menschen haben, davon leben dann fünf Sechstel in Entwicklungsländern. Viele dieser Länder der Dritten Welt haben längst erkannt, daß nur die Kernkraft ein Ausweg aus dem verheerenden Dilemma ist. Indien, China, Pakistan, Chile und Argentinien entwickeln bereits Kernkraftwerke. Wir vergessen immer wieder, daß ein hungernder Inder eine andere Risikobereitschaft hat als ein satter Europäer.

Die sogenannten Alternativenergien Sonne, Wind, Gezeiten, Geothermik und Biokraft werden im Jahr 2000 eine so geringe Rolle spielen, daß sie überhaupt nicht einkalkuliert werden können. Die Kernenergie muß als Alternative zum Öl mit aller Kraft entwickelt werden.«

Unter uns sind viele weiße Kreuze. Plötzlich denke ich: Warum hat man die Fundstellen nicht mit Kreisen aus weißen Steinen markiert? Warum sind es so große, so erschreckende Kreuze? Ist der Mensch überhaupt in der Lage, dieses Geschenk der Natur nur zum Guten zu verwenden, obwohl sein Verstand erkannt hat, daß dieses Erz auch ein sicheres Mittel zum millionenfachen Töten ist?

Unsere Maschine dreht ab und fliegt nach Westen Richtung Swakopmund.

Morgen bin ich in Lüderitz, am Rande des größten Diamantenfundgebietes der Erde. Geht es bei dem Kampf um das unabhängige Namibia wirklich um das Wohl und Wehe der knapp 1 Million Menschen? Stecken hinter den so angenehm klingenden Worten wie Gleichheit, Sozialismus, Fortschritt, Freiheit, Sieg des Volkes nicht die handfesten Interessen an den ungeheuren Bodenschätzen des Landes?

Im Norden des Landes liegen die drei Tsumeb-Minen in einem reichen mineralhaltigen Gebiet. Wie ein Trichter schiebt sich der Reichtum an Kupfer, Blei, Zink, Kadmium und Silber in das Erdinnere. Mit 1600 Meter Tiefe gehört Tsumeb zu den tiefsten Minen der Welt.

In der Nähe von Rehoboth arbeitet die Kupfermine

»Oamites« schon auf einer Tiefe von 500 Meter mit großem Erfolg. Am Brandberg ist die »Uis-Mine« auf einen der größten zinnhaltigen Erzkörper gestoßen. Man glaubt, die monatliche Produktion auf 200 000 Tonnen erhöhen zu können. In der Damarasprache heißt Uis: bitteres Wasser.

Alle Minen mußten bisher ihre Wasser- und Stromversorgung selbst sicherstellen. Das bedeutet hohe Anfangsinvestitionen, die nur durch kapitalkräftige Überseegesellschaften möglich waren und nur durch fremdes Kapital weiterhin möglich sind.

Die Wirtschaft Südwestafrikas ruht auf zwei Säulen: auf der Landwirtschaft, die abhängig ist von einer unberechenbaren Natur, und dem Bergbau, der internationales Kapital braucht. Letzteres gilt wohl für alle großen Wirtschaftsunternehmen.

Bevor wir in Swakopmund landen, dreht Smith noch eine Schleife über der Mündung des Swakop. Da der Fluß unterirdisch ist, kann man kein Wasser in den Atlantik strömen sehen. Aber ganz deutlich ist ein brauner, trüber Streifen sichtbar, der sich nach einigen Kilometern im Blau des Atlantik verliert. Hier strömt der Swakop ein und bringt Geröll, Sand und Treibholz mit ins Meer.

Die Entstehung des Namens Swakop verrät viel über die genauen Beobachtungen der Einwohner von Südwest. 1825 erzählten Buschleute, Namas und Damaras, dem Missionar Schmelen von einem Fluß »Tsawayawip«. Um 1850 berichteten Europäer von einem Flußbett, das die Eingeborenen »Schwachaup«, die Europäer »Swakop« nannten. Die Namas sprachen von dem »Tsoá-xoub«, wobei Tsoá das Loch heißt und Xou soviel wie exkrementieren bedeutet. Die Bezeichnung verrät eine genaue Kenntnis der Natur, denn der Swakop, der wie ein Darm sich unterirdisch durch die Wüste windet, schiebt Schlamm und Geröll ins Meer. Die

Eingeborenen nannten es die Exkremente des »unterirdisch Lebenden«, dessen Loch (After) am Meer war.

Nachdem ich mich von Walther Smith verabschiedet hatte, war ich eigentlich froh, den Abend mit einem Mann zu verbringen, der zu dem Swakopmund der Vergangenheit gehört und nicht zum Jahr 2000.

Ich treffe mich mit dem Zahnarzt Dr. Weber in seinem Museum an der Strandpromenade. Weber hatte Anfang der dreißiger Jahre Deutschland verlassen. Er begann mit seiner Zahnarztpraxis in Südwest, indem er das rückwärtige Teil seines Autos in eine Plattform umwandelte, darauf eine Nähmaschine montierte und über die Dörfer fuhr. Die Nähmaschine bediente ein Schwarzer, der damit den Strom für den Zahnbohrer erzeugte. Die »fliegende Praxis« wurde in den einsamsten Kraals begeistert begrüßt. Weber lernte seine neue Heimat nicht nur kennen, sondern auch lieben. Er begann zu sammeln, zu betteln und zu kämpfen um Geld!

In seinem Museum zeigt er die Geschichte der Menschen und der Natur. Da ist der Haarschmuck aus Kauri-Muscheln bei den Frauen der Himba, wundervolle Turmaline, Amethyste und Heliodore aus Tsumeb, und daneben vergilbte Fotos vom Bau des Swakopmunder Bahnhofs. Briefe von Marinesoldaten, die während des Hereroaufstandes 1904 fielen. Das Marinedenkmal steht gegenüber dem Museum. Aus der deutschen Geschichte von Südwest hat er Fahnen, Waffen, Uniformen, aber auch Packtaschen für die Pferde und einfache Haushaltsgeräte der ersten Siedler gesammelt. Einer der Ochsenwagen, die eine entscheidende Rolle bei der Besiedlung von Südafrika gespielt haben, ist originalgetreu im Verhältnis 1:10 nachgebildet. 16 bis 18 Ochsen waren stets vor einen Wagen gespannt, der ungefähr zweieinhalb Tonnen befördern konnte. Der Wagen für den großen Treck war gute 6 Meter lang und 2,50 Meter breit. Für die 18

Zugochsen wurden vier Menschen benötigt, um diese lebenden PS zu bewegen. Alle Zugochsen waren abgerichtet, hatten ihre eigenen Namen und hörten auf den Ruf. Das erste Ochsengespann war das wertvollste. Es erzielte beim Kauf die höchsten Preise, denn seine Gangart bestimmte das Tempo der nachfolgenden Tiere. Der Treiber lief neben den Zugtieren her und beobachtete, ob ein Tier sich auf Kosten der anderen ausruhte. Mit seiner fünf Meter langen Peitsche, der »Schwipp«, knallte er dann über die Ochsenrücken. Kein Tier wurde geschlagen, was auch sinnlos gewesen wäre, der harte Ton genügte. Je nach dem Gelände lag die Tagesleistung eines Ochsengespannes zwischen 20 bis 30 Kilometern.

Bei uns werden Museen mit Zuschüssen, staatlichen Geldern und einem erstaunlichen Verwaltungsapparat unterhalten. In Swakopmund, und wie ich später feststellte auch in Lüderitz, leben Museen durch die Arbeit und Liebe von wenigen, die oft vergebens, manchmal mit Erfolg, um Spenden betteln.

Ich nehme Abschied von Swakopmund, während wir beide in dem menschenleeren Museum sitzen und auf ein Stück deutsche Vergangenheit blicken.

Wird das kleine Museum ein unabhängiges Namibia überleben?

In Fortaleza, der Festung über Luanda, der Hauptstadt von Angola, wurden alle Erinnerungen an Portugal, an eine fünfhundertjährige Geschichte, getilgt und das Zentralmuseum der Streitkräfte der Volksrepublik Angola eingerichtet.

Während Dr. Müller die Tür abschließt, erschrecke ich bei dem Gedanken, daß weder in unseren Schulbüchern noch bei unseren Lehrern dieses Stück deutscher Geschichte erhalten geblieben ist.

7. Welwitschia mirabilis – Wunder der Wüste

Wir haben das Trockenbett des Swakop verlassen und sind nach links in eine sanft ansteigende Sandschlucht abgebogen. Wie der zuckende Schwanz eines Leoparden ringelt sich der vier bis fünf Meter breite Sandstreifen zwischen bizarren Felskulissen auf ein Hochplateau. Unser Jeep springt wie ein Impala, wenn er eine harte Steinplatte unter dem Sand erreicht, um dann gleich wieder schlangengleich durch den Sand zu schlingern, als hätte er keine Starrachse, sondern einen Gummizug eingebaut.

Die Felsen rechts und links sind von einem Bildhauer geschaffen, der seit Anfang der Erde mit Wind und Sandgebläse gearbeitet hat. Der fünfzig Meter hohe ausgekehlte Granitfels ist der Kopf eines Delphins. Er springt aus dem Erdinneren in die schattenlose Helle der Namib. Dicht daneben der Kopf eines schlafenden Löwen. Seine Füße reichen bis in die Sandwanne unseres Fahrweges. In den Felslöchern liegen seine Augen. Wache Augen in einem gnädigen Schatten.

Fast über 1000 Meter fahren wir schon an einem Gesteinsstreifen entlang. Verschmolzen in einer lang auslaufenden Wellenbewegung sind hier Granit, lichter Kalkstein, rosafarbener Porphyr und schwarzer Basalt.

Wir steigen aus, tasten mit den Händen dieses von Urkräften geschaffene Wunderwerk ab. Die Fingerspitzen spüren die verschiedenen Kristallformen an der glatten Wand. Die Mosaike römischer Kaiserpaläste verblassen vor dieser Felswand.

Plötzlich zieht sich an der Biegung bläulich-schwarzer Basalt wie ein Aderngeflecht durch rosafarbenen Granit. Ein erstickter Vulkanausbruch, der zu einem unvergänglichen Baum erstarrte. Auf Jahrmillionen wurde die glutflüssige Lava von altem Gestein eingeschlossen, bis der Wind ihre Verästelung freilegte.

Am Ausgang unseres Tales zum Plateau rücken die Felswände näher zusammen, als wollten sie Schatten spenden oder die Sonne von ihrem Inneren fernhalten. Die Wände bestehen jetzt aus fein geschichteten Sedimentgesteinen. Jedes Band gut zwei Meter breit: schwarzbrauner Schiefer, graue Quarzite und weißer Marmor, Jahresringe unserer Erde. Aber die wasserdichten, eng gepreßten Schichten sind unterbrochen von eingedrungenem Granit. In seiner Oberfläche leuchtet schwarz-braunes Zinnerz. Im Halbschatten funkeln eingeschlossene Turmalinnester. Amethystkristalle blühen in einem weißlichen Lila. Aladins Wunderlampe leuchtet in der Lautlosigkeit der Namib.

Rings um uns eine Erde ohne Pflanzen. Aber wir sind auf dem Weg zu der geheimnisvollsten, wahrscheinlich ältesten Pflanze unserer Erde.

Kurz vor dem Plateau fließt unsere Sandspur auseinander und verbindet sich mit dem Sand der Hochfläche. Wir sind auf den Welwitschiaflats.

Es ist früher Nachmittag. Die Schatten der Steine sind kurz und verzerrt. Der Himmel ist blaßblau. Das Gelb des Sandes wirkt um diese Stunde schwerelos, im Gegensatz zu den starken Farben des frühen Morgens. Wir stehen vor einer Welwitschia, die einen Durchmesser von gut acht Metern hat. Ihre Blätter haben das Grün von Matthias Grünewald und das verwesende Gelb von Hieronymus Bosch.

Professor C. H. Bornmann, einer der ersten Mitarbeiter des österreichischen Entomologen Dr. Charles Koch, der 1962 die Namibforschungsstation in Gobabeb gründete, schrieb über diese Pflanze: »Sie ist ein Gedicht, ein Drama, ein Gemälde, eine Skulptur und vor allem ein architektonisches Paradox. Die dauerhafte Welwitschia, die runzelige alte Bewohnerin der Namib, zählt Jahre, wenn Menschen Tage zählen.«

Sie ist nicht schön im Sinne einer Rose oder eines Tigers, aber im ersten Augenblick scheint sie eine Mischung zwischen Pflanze und Tier zu sein. Ihre jahrhundertalte Form steht jenseits von Schönsein und Gefallen. Während ich in dieses runde, tintenfischähnliche Planzenwesen starre, fällt mir ein, daß bis zu Anfang des 19. Jahrhunderts ihr Dasein der Welt unbekannt war. Aber über Hunderte von Jahren zogen die Jägerstämme der Buschmänner, der Hottentotten, der Damas und Ovambos an ihr vorbei!

Im Gegensatz zu den meisten anderen Pflanzen hat sich die Welwitschia nie über die Welt verbreitet, obwohl es noch andere Wüsten gibt, die gleiche Voraussetzungen bieten wie die Namib. Sie wächst auf einem ungefähr 100 Kilometer breiten Küstenstreifen, der sich vom Kuiseb-Fluß im Süden bis zu 1000 Kilometer nordwärts nach Angola erstreckt. Einzeln, nie in naher Gemeinschaft mit einer anderen Pflanze, lebt sie im Sand der Täler, auf dem Kies der Hochflächen, aber auch an steilen Hängen und in offenen Steppengebieten. Die Welwitschia hat wie der Tiger ein Revier für sich allein. Sie lehnt jede Gemeinsamkeit, die für sie keinen Schutz bietet, ab. Männliche und weibliche Pflanzen leben getrennt. Junge Pflanzen siedeln sich meist in großer Entfernung an. Es wirkt wie Respekt oder Klugheit angesichts der Giganten.

Die Forschung über die Seelen der Pflanzen steckt ja noch in den Kinderschuhen! Die Welwitschia birgt außer ihrer Seele noch viele andere Geheimnisse!

Die Damas nannten sie »N'Tumbo«. Aber da die Pflanze

keinen Nutzwert für den Menschen hat, blieb sie auch dem menschlichen Kulturkreis fern – im Gegensatz zur Palme, deren Früchte begehrte Nahrung sind, zum Drachenbaum, dessen Harz zur Mumifizierung gewonnen wurde, oder zum Dornenbusch, den man immer als sicheren Zaun verwenden kann. Die Menschen gaben ihr einen Namen, aber sie lebten weit entfernt von der Wüsteneinsamkeit der Pflanze.

Es waren Weiße, die die Geschichte des schwarzen Afrika schrieben, denn die schwarzen Völker hatten nie eine eigene Schriftsprache entwickelt. Zuerst waren es Missionare, später die Siedler, die Geschichte, Tradition, Medizin, Religion der Völker südlich des Kongo zu Papier brachten. Bis Anfang des 19. Jahrhunderts gab es nur eine mündlich überlieferte, von Generation zu Generation weitergegebene Geschichte.

Es gibt weder Steintafeln noch Papyrusrollen oder Schriftzeichen im Fels in einer der vielen Sprachen der schwarzen Völker. Sie entwickelten kein Alphabet. Sie fanden nicht den Weg vom Vokal, vom Klick- oder Zischlaut zum Buchstaben.

Die Sagen der Buschmänner, jenes kleinwüchsigen Volksstammes im südlichen Afrika, dessen Spuren sich bis in die Steinzeit zurückverfolgen lassen, schrieb der Südwester Fritz Metzger auf. In der Buschmannswelt leben Kenntnisse vom Löwen, Strauß, Warzenschwein, von Springhasen, Schakalen und Hyänen, die kein Weißer kennt. Die Buschmannsfrauen kennen das Wachstum der Kräuter während der Mondgezeiten. Sie wissen um fruchtabtreibende Pflanzen und um jene, die alte Menschen leicht für immer einschlafen lassen.

Aber kein Forscher fand bei ihnen oder den Hottentotten, Wambos oder Herero eine Kenntnis von der Welwitschia.

»N'Tumbo« nannte sie ein Teil der Buschmänner. Dabei wären die trockenen, meterlangen Blätter der Pflanze ideales Baumaterial für die Hütten der Buschleute. Aber die Menschen haben seit jeher einen großen Bogen um die fahlgrünen Riesen geschlagen.

Ein gutes Jahrhundert ist die Pflanze jetzt der außerafrikanischen Welt bekannt. Friedrich Martin Joseph Welwitsch (1806–1872) war ein österreichischer Arzt und Naturforscher. Er landete im September 1859 in der Nähe von Cabo Negro in Angola. Als unermüdlicher Sammler von Pflanzen, er hat über 500 neue Spezies entdeckt und bestimmt, wanderte er in südlicher Richtung. Seine Entdeckung schilderte er so: »Ich kniete auf dem heißen Sand und starrte voller Verwunderung, denn ich glaubte, meine Phantasie betrügt mich. Ich sah eines der unfaßbarsten Gebilde Afrikas. Ich glaube, ich habe eine neue Art entdeckt.«

Er wußte damals nicht, wie recht er hatte. Es war das botanische Ereignis seines Jahrhunderts und ist bis heute die rätselhafteste Pflanze.

A. B. Wallaston, Ingenieur der Walfishbay-Gesellschaft, war begeisterter Biologe. 1857 nahm er zwei kleine N'Tumbo-Pflanzen mit nach Kapstadt. Beide Pflanzen starben.

Inzwischen wußte man, daß die Hottentotten die Pflanze »Ghories« nannten. Die Herero sprachen von »Onyanga yokuware« (Zwiebel von der Küste). Die burischen Siedler gaben diesem geheimnisvollen Wesen einen Namen in Afrikaan »tweeblaarkanniedood«. Das heißt wörtlich übersetzt: Zweiblättriger – kann nicht tot.

Dr. Welwitsch empfahl den Gattungsnamen Tumboa, von »N'Tumbo«, wie die Eingeborenen sie nannten. Aber sie wurde 1975 offiziell als »Welwitschia mirabilis« nach ihrem Entdecker benannt. »Mirabilis« ist die lateinische Bezeichnung für wundervoll, geheimnisvoll, ungewöhnlich, einzigartig.

Ich gehe fast zögernd zu einer Welwitschia, die eine Fläche von 25 Quadratmetern bedeckt. Es ist eine weibliche Pflanze. Um den nur einen Meter hohen Stamm dreht sich eine verschlungene Masse von Blättern, die eine Länge bis zu zehn Metern erreichen. Der Stamm der Welwitschia hat keine Krone. Er wirkt wie eine Muschel, die sich öffnet. Der Durchmesser des Stammes ist bei meiner Pflanze gute zwei Meter. Ihr Alter muß zwischen 800 und 1000 Jahren sein.

Der Stamm der größten bekannten Welwitschia hat fünf Meter Durchmesser. Ihr geschätztes Alter sind 1900 Jahre. Die Pflanze bedeckt eine Fläche von sechzig Quadratmetern.

Ich berühre eines der langen grünen Blätter, deren Enden verbrannt sind, weil sie auf dem bis zu 70 Grad heißen Sandboden liegen. Sie fühlen sich an wie Leder. Ihre Epidermis ist von einer dicken Wachsschicht überzogen, um jede Verdunstung zu verhindern. Unter dieser Schutzschicht liegen lange, spitz zulaufende Zellen, aufgereiht wie ein wehrhafter Palisadenzaun. Sie verwandeln mit Hilfe der Sonne Kohlendioxyd aus der Atmosphäre in Zucker.

Im Gegensatz zur männlichen Pflanze ist die weibliche Welwitschia stets von Insekten und Larven umgeben. Eine weibliche Pflanze kann 100 bis 200 lachsfarbene Zapfen tragen. Jeder Zapfen, ungefähr fünf Zentimeter groß, hat über 100 Samen. Von 15 000 Samen sind aber nur zehn bis zwölf fruchtbar. Sie allein sind keimfähig, um jenes Embryo zu entwickeln, das aus zwei orangefarbenen, enganliegenden Keimblättern besteht, die aus einer keilförmigen Keimscheide sprießen. Die Fruchtbarkeit einer Welwitschia beginnt nach 15 bis 20 Jahren.

Eine männliche Pflanze von 30 bis 100 Lebensjahren produziert in einem guten Jahr über 10 000 Samen. Aber

Das Südwester „Edelweiß" lebt vom Tau des lebenspendenden Nebels über der ältesten Wüste der Welt, der Namib.

Blühende Kieselsteine – Lithops – sind die hühnereigroßen Pflanzen, die im Volksmund Hottentottenpopos heißen.

Die Rössingmine, 60 km nordöstlich von Swakopmund, gehört zu den größten Uranvorkommen in der Welt, die im Tagebau abgebaut werden. Die Geschichte des Urans begann vor 1000 Millionen Jahren, als die Namib

noch Meer war. 1921 entdeckten Geologen die Radioaktivität der Felsen. Doch erst in den siebziger Jahren begann der Abbau des in aller Welt begehrten Erzes.

Die Kaiserstraße in Windhoek verliert ihr altes Gesicht durch die Hochhäuser der Banken, Hotels und Büros. Trotzdem lebt hier die deutsche Geschichte weiter.

Südwest ist ein schweres Land für Farmer. Ein Rind braucht zehn Hektar Land, um in den langen Dürrezeiten satt zu werden. Eine grüne Weide, wie auf dem Foto, gibt es nur nach den wenigen Regenfällen.

Dr. Ben Afrika mit seiner Familie in seinem Haus in Rehoboth. Er ist der Vertreter der Baster im Ministerrat und Mitglied der „Demokratischen Turnhallenkonferenz".

Die Kupferminen bei Tsumeb wurden bereits 1892 prospektiert, mit der Ausbeutung wurde 1901 begonnen. Der Bergbau trägt in Südwestafrika über 35% zur Wirtschaft des Landes bei.

Eine Himbafrau tanzt bei einem Volksfest in Opuwa, der Hauptstadt des Kaokolandes. Himbas und Herero, beide Völker, begannen vor über 300 Jahren das Land südlich des Kunene zu besiedeln.

auch von ihnen ist nur ein Zehntel lebensfähig. Seltsamerweise entstehen die kräftigsten Samen nur in Perioden heftiger Sandstürme und Wüstengewitter. Es scheint, daß in der Geburtsstunde dieser lebenden Fossilien Donner und Blitz dabeisein müssen!

Für alle Wissenschaftler in der Namib, der ältesten Wüste unserer Erde, ist es wiederum erstaunlich, daß es nicht eine Welwitschia als Fossil, als Versteinerung, gibt. Rätsel über Rätsel.

Relativ flache Pfahlwurzeln verankern diesen Pflanzengiganten zwischen Sand und Gestein. Aber unzählige seitliche Wurzeln stabilisieren wie ein Takelwerk die Hauptwurzel. Sie umgeben den Pflanzenkern unter der Erdoberfläche in einem Radius bis zu 20 Metern.

Bei jungen Pflanzen – bis zu 100 Jahren – erinnern die grotesk gedrehten Blätter an Büffelhörner. Auf einem Zoll (2,615 cm^2) öffnen sich bei Tagesbeginn 140 000 Poren. Sie schließen sich gegen 11 Uhr mittags, wenn die Sonne den lebenspendenden Nebel aufgelöst hat. Millionen winzige Türen retten jetzt den Wasserhaushalt der Pflanze vor den tödlichen Sonnenstrahlen.

Der Lebensquell der Welwitschia ist nicht das Grundwasser der Wüste, sondern die feuchte, kühle Nebelwand, die sich über 100 Tage im Jahr von der Atlantikküste in die Namib schiebt. Der Sommer zählt mehr Nebeltage als der Winter. In den Monaten September bis März – die Sommerzeit auf der südlichen Halbkugel unserer Erde – erreichen die Morgenstunden eine Feuchtigkeit von 75 Prozent. Die Ursache ist der Zusammenprall der kalten Luft über dem Benguelastrom mit der aufgeheizten Wüstenatmosphäre.

Bei schlechten Nebelsommern treten an der Pflanze starke Alterserscheinungen auf. Wie im Zeitraffertempo runzelt die Oberhaut. Die immer stärker hervortretenden Blattadern geben der Pflanze ein bleichsüchtiges Altersgesicht.

Ihre archaische Gestalt ist voller Leben. Zwischen den geflügelten Wanzen laufen Insekten, die nicht fliegen können und ihre roten Larven in dem grünlichen Dschungel verstecken. Ihre Welt ist seit Tausenden von Jahren diese eine Pflanze.

Ich trenne mich schwer von den Welwitschiaflats. Eigentlich müßte ich hier eine Nacht lang wachen. Ich komme von dem Gedanken nicht los, daß ich sie dann »leben höre«, während ich sie jetzt nur sehe, den »Zweiblättrigen – kann nicht tot«.

Aber eine Pflanze pflücke ich mir ab, ein Südwester-Edelweiß. Knapp drei Zentimeter hoch, mit silbrigen, dick behaarten Blättern und einer winzigen rosafarbenen Blüte. Es besteht eine Ähnlichkeit mit den Edelweiß unserer Alpen, aber der Name entstand wohl aus der Sehnsucht nach der alten Heimat.

Dieses Namibedelweiß liegt jetzt getrocknet in einem Buch aus dem Jahre 1910: »Deutsche Reiter in Südwest.«

Aber auf meinem Schreibtisch stehen drei weibliche Zapfenständer der Welwitschia. Die acht Zentimeter langen Zapfen sind fest geschlossen. Jede Zapfenschuppe hat einen feinen lila Rand. In jedem Samen liegt ein Embryo mit seinen zwei schnabelförmigen Keimblättern und seiner Keimscheide, die den Nährstoff für die ersten Tage enthält.

Ich habe ein Stück von der Ewigkeit der Namib, die dem unabhängigen Südwestafrika ihren Namen geben wird. Ich hatte soviele Gespräche mit Vertretern der »Turnhallenkonferenz«, der »Swapo«, Missionaren und Wirtschaftsleuten, manche waren schon nach Monaten oder einem Jahr überholt. Wer Namibia verstehen will, sollte vorher zu den Welwitschias gehen.

8. Der Wald, der nicht sterben konnte

Die Rotoren unseres Hubschraubers werfen bizarre Schatten auf den Sand des Huabtales. Der Strom fließt gute 45 Kilometer westlich von dem Dorf Khorixas unterirdisch in den Atlantik. Vor 200 Millionen Jahren waren die Ufer des Huab von mächtigen Wäldern umsäumt. Es müssen Baumgiganten gewesen sein, wie sie heute nur noch im amerikanischen Sequoie-Nationalpark wachsen. In diesem Zauberwald erreicht die Baumgruppe, »General Sherman« genannt, eine Höhe von 85 Meter, einen Umfang am Stammansatz von 30 Meter und ein Gewicht von geschätzten 600 Tonnen.

Vor 200 Millionen Jahren war dieses Stück, das unser landender Hubschrauber kurz in einen Sandsturm verschwinden ließ, ein Paradies für Reptilien und Insekten aus der Triaszeit unserer Erde. Aber der Strom wurde mächtiger, entwurzelte die Bäume und riß die ast- und wurzellosen Stämme mit sich. Als die Wasser ihre Kraft verloren, sanken die Stämme auf den Grund und wurden unter Sand und Schlamm begraben.

Der Weg vom lebenden Organismus bis zur Versteinerung ist lang. Er kann durch eine winzige Veränderung unterbrochen und damit verhindert werden.

Ein Stück versteinertes Holz ist eine Seltenheit, aber ein ganzer versteinerter Wald wie am Huab ist einmalig!

Die Voraussetzungen zu einer Versteinerung waren günstig. Die eingeschlossenen Stämme wurden von einer sauerstoffreichen Schlammschicht bedeckt. Dadurch wurde ein Verfaulen des Holzes verhindert. Das durchsickernde Wasser war außerordentlich reich an Kieselsäure. Jahrhunderte verwandelten jetzt Molekül um Molekül in feine Quarzkristalle. Die Werkstatt der Natur arbeitete so genau, daß die mikroskopische Struktur des Holzes als Versteinerung völlig erhalten blieb. Eisenbeimengungen gaben den Petrefakten die Farbe lebenden Holzes.

Bodenerosion legte langsam das Mausoleum eines riesigen Waldes frei. Wie vor 200 Millionen Jahren scheint Afrikas Sonne jetzt auf die Bäume aus Stein.

Entdeckt wurde der »Wald ohne Tod« erst nach dem Zweiten Weltkrieg. Die beiden Brüder Oberholzer fanden auf ihrem Farmgelände die riesigen Fossilien. Hunderte von Stämmen, manche bis zu 30 Meter lang, liegen in diesem Gebiet. Das Gewicht eines Kubikmeters beträgt 2,7 Tonnen, das sind 2700 Kilo.

Ich hebe ein Stück Holz hoch, ungefähr 15 Zentimeter lang und 10 Zentimeter breit, es wiegt gute zwei Kilo.

Niemand weiß, wieviel Wald noch unter dem Sandboden liegt.

Die Sonne steigt immer höher. Wir marschieren schon drei Stunden durch ein Gelände, wie es kein Museum zeigen kann. Sind wir hier im Gondwanaland? Jener starre Felsblock, der vor Urzeiten Südamerika, Afrika, Vorderindien, Australien und die Antarktis umfaßte, bis die südliche Halbkugel in die heutigen Landmassen zerfiel?

War Afrika der älteste Kontinent? Waren Eva und Adam schwarz? Keiner kommt an dieser Frage vorbei, der durch das südliche Afrika mit offenen Augen wandert.

9. Der nutzlose Strom

Wir sitzen in der schattigen Höhle unter einem großen Termitenhügel. Wie der Turm von Babylon ragt der weißgelbe Nestbau, immer schmäler werdend, in den Himmel. In diesen hochorganisierten Nestern herrschen eine gleichbleibende Temperatur und eine hohe Luftfeuchtigkeit. Diesen Vorteil hat sich eine junge Ovambofrau zunutze gemacht. Sie bearbeitet hier ihre Tonwaren und läßt sie bei der gleichmäßigen Temperatur langsam vortrocknen, bevor sie gebrannt werden. Die Termiten stört die unterirdische menschliche Werkstatt nicht, solange die Zelle der Königin unangetastet bleibt.

Kleine und große Tonkrüge mit runden Öffnungen stehen um mich herum. Sie sind kugelförmig, aber die Öffnungen sind wie weit geöffnete Augen.

Plötzlich würgt es mich. Ich renne nach draußen, übergebe mich und kehre dankbar aus der schattenlosen Hitze in die feuchte Kühle zurück.

Ich habe es noch nicht überwunden. Ich schließe die Augen und sehe es trotzdem. Es ist deutlicher und schrecklicher als die erlebte Wirklichkeit.

Wir hatten auf der Strecke zwischen Ombalantu und Ruacana einen Häuptling der Ndonga aufgesucht. Diese Gruppe gehört zu einem der sieben Stämme des Ovambovolkes, das mit seinen knapp 430 000 Menschen im fruchtbaren Norden zwischen Kunene, Etoschapfanne und Okavango lebt.

Der Häuptlingskral ist von einem fast drei Meter hohen Palisadenzaun umschlossen. Die Hütten seiner Frauen stehen im Halbkreis hinter seiner größeren Rundhütte, deren

Eingang von holzgeschnitzten Totemköpfen verziert wird. Während wir warteten, kam eine Ovambofrau mit einem großen Korb, der aus den Wedeln der Hyphäne-Palme geflochten war und durch Pflanzensäfte verschieden bunte Muster hatte. Der Korb war voller Omahangu (Hirse) und den Stücken eines gebratenen Huhnes.

Neben dem Häuptling saß der Zauberdoktor. Sein Kopfschmuck bestand aus den weißen Federn eines Fischadlers, die es noch am Kunene gibt. Als Halsschmuck hatte er, über einem alten Leopardenfell, Zähne von Raubtieren.

Es fiel kein Wort. Die Frau stellte den Korb vor beiden nieder, verbeugte sich, ging die ersten Schritte rückwärts und nahm dann einen kleinen Jungen, ungefähr sieben Jahre alt, mit. Das Kind stand an der Palisadenwand und hatte gewartet.

Ich bat unseren Dolmetscher um eine Erklärung der Szene.

»Sie haben ihr geholfen.« Weiter folgte nichts.

»War ihr Kind krank?« fragte ich.

»Ja.« Bildete ich mir eine Feindseligkeit ein, oder wollte er nur nicht sprechen? Aber etwas ließ mich nicht los.

»Ich habe Bonbons für das Kind. Ich möchte sie ihm gern schenken.« Ich merkte an dem Schweigen immer noch nicht, daß ich vor einer unsichtbaren Mauer stand.

Ich sah die Frau mit dem Kind an der Hand langsam den schmalen Weg zum Seeufer gehen. Ich nahm aus meiner Kameratasche die Bonbons und eilte ihr nach. Sie war hochgewachsen. Die Augen in dem schwarzen Gesicht waren mandelförmig. Die dunklen Pupillen schwammen in einer feuchtschimmernden gelb-weißen Bindehaut mit feinen roten Äderchen. Es waren wundervolle Augen. Ich zeigte ihr die Bonbons, redete und beugte mich zu ihrem Kind.

Ich starrte in zwei leere Augenhöhlen.

Die Bonbons fielen aus meinen Händen. Ich war unfähig, mich zu bewegen. Ich starrte in diese beiden Löcher mit einem dichten Wimpernkranz und auf ein paar Fliegen, die eifrig suchend die kleinen Höhlen durchquerten.

Als ich mich aufrichtete, drückte mir der Dolmetscher die Bonbons in die Hand und zeigte auf den kleinen Jungen. Ich füllte seine ausgestreckten Hände und merkte nicht, daß ich weinte. Aber der kleine Mund unter der breiten Nase begann zu lächeln. Er lachte. Das Kind begann zu hüpfen und sich einen Bonbon mit dem Papier in den Mund zu stecken. Auch die Mutter lächelte und dankte mir mit einem Kopfnicken.

Dann erfuhr ich die Geschichte. Der Junge war acht Jahre alt. Er stahl alles, was ihm gefiel. Er nahm Sachen mit, die ihm nichts nützten. Aber er war besessen von der Gier zu besitzen.

Für uns war er krank. Denn Kleptomanie ist eine Krankheit. Für die Familie war er eine Schande. Die Mutter wußte nur eine Hilfe. Sie ging zu dem Häuptling und bat ihn, ihr Kind zu blenden. Nur wenn es all die verlockenden Dinge nicht mehr sieht, wird es gesund. Die Ehre der Familie bleibt erhalten.

Der Stammeshäuptling sprach das Urteil. Der Medizinmann war der Vollstrecker.

Und heute hatte die Mutter beiden gedankt.

Ich fühle meine Schwäche gegenüber diesem Afrika, während mir der Dolmetscher höflich, aber mit deutlicher Mißachtung in den Jeep hilft.

Ich habe in seinen Augen gar nichts verstanden.

Es erscheint auf den ersten Augenblick sehr fruchtbar, dieses Ovamboland im Norden von Südwest. Wenn der Regen gefallen ist, treten der Okavango und die beiden großen Kanäle vom Kunene über ihre Ufer und verwandeln das Land in grüne Wiesen. Die riesigen Kiaat-Bäume werden grün und werfen große kühle Schatten über die Höfe und Hütten.

Menschen, Tiere und Pflanzen erwarten die »Efundja«, die große Flut. Ihre Wasser bringen Barben und Brassen, die in Netzen und Reusen gefangen werden. Sie sind frisch und geräuchert eine Delikatesse. Getrocknet werden sie zum Hirsebrei gegessen.

Auf den wassergetränkten Feldern wachsen Bohnen, Kürbisse, Bataten, Erdnüsse und Hirse. Von den wildwachsenden Obstbäumen werden Pflaumen, Nüsse, Feigen und die fleischigen Marulas gesammelt.

Der schwedische Jäger und Entdecker Karell Johan Andersson erreichte, vom Süden kommend, 1866 den Kunene. Er schrieb über das Ovamboland: »Es ist ein herrliches, offenes Land, das für afrikanische Verhältnisse erstaunlich intensiv bebaut wird. Ringsum ist es von unendlichen, dichten Wäldern umgeben – kurz gesagt: eine Oase inmitten einer Wüste.«

Doch hundert Jahre haben viel verändert. Die Wälder der riesigen Ebene wurden gerodet. Jede Generation brauchte Holz, um Häuser zu bauen, und Land, um zu säen. Der Wald verschwand. Heute wachsen an den Wasserläufen, den »Oshanas«, nur noch die hohen Hyphaene-Palmen. Die großen fächerartigen Blätter erinnern an die Hände eines Riesen. Die Palme spendet mit ihren Früchten Essen und Trinken. Mit ihren Blättern Flechtmaterial.

Aber wehe, wenn die »Efundja«, die große Flut, ausbleibt! Der ausgelaugte, überbewirtschaftete Boden ist erschöpft. Und jetzt beginnen die Salze aus dem Boden zu blühen, die die einst fruchtbare Etoschapfanne zur großen Salzwüste gemacht haben. Agrarwissenschaftler aus verschiedenen

Nationen versuchen, die Versalzung des Bodens zu stoppen. Aber in hundert Jahren haben die Menschen das empfindliche Gleichgewicht zerstört. Eine Experimentierfarm versucht, die beste Bepflanzung zu erforschen. Die ersten Baumplantagen sollen den Wald zurückbringen helfen. Mais und Sonnenblumen werden erfolgreich angepflanzt. Sie sind aber winzige Inseln in einem Land, das auf die Arbeit und das Wissen des Menschen wartet.

Es war ein Volk aus dem hohen Norden, das im Ovamboland missionierte. 1870 kamen die ersten finnischen Missionare. Einer der acht jungen Finnen, die die Kirche Christi den Stämmen bringen wollten, schrieb verzweifelt in sein Tagebuch: »Wir können nur unter Tränen säen.«

Der Apostel vom Ovamboland – wir haben vergessen, wie viele Apostel den ersten zwölf folgten – wurde Martti Rautanen. Über fünfzig Jahre arbeitete er mit den Ovambos. Sie vertrauten ihm und gaben ihm den Namen »Nakambale«, das heißt »behütetes Haupt« oder Bischof. 1903 übersetzte Rautanen das Neue Testament in die Ndonga-Sprache. Kurz vor seinem Tod 1926 erlebte er die erste Amtseinführung von zwei schwarzen Geistlichen. Er schrieb: »Christus triumphierte über das Heidentum. Meine Kinder haben die Dunkelheit hinter sich gelassen, sie können jetzt das Licht zu ihrem Volke bringen.«

Ich denke an die vielen Gespräche, die ich in Botswana, Lesotho, Südafrika und Rhodesien führte. Es ging um die Frage: Warum wurdet ihr Christen? Die ältere Generation sagte meist: »Damit unsere Kinder lesen und schreiben lernten, denn es gab keine anderen Schulen.« Die anderen erwiderten: »Wir brauchen Christus! Er macht uns frei! Christus hilft uns! Wir wollen nicht mehr arm, nicht mehr zweitklassig sein!«

Der Zulu-Evangelist Nicholas B. H. Bhengu, der als afrikanischer Billy Graham bekannt war, predigte in den sechziger Jahren: »Als eine niedrige und unterdrückte Rasse müssen wir hochkommen, ehe wir vollendet haben, und Christus wird uns herausheben aus dem Leben der Sünde, des Verbrechens, der Armut, des Elends, der Unwissenheit und des Aberglaubens. ›Back to God!‹ rufen wir. Das ist unsere Botschaft. Back to God, meine Kinder, meine afrikanischen Rosenknospen. In euch gibt es latente Talente wie die von Aristoteles, Galileo Galilei, Archimedes, Sophokles und Shakespeare!« Aber eine der interessantesten Äußerungen von Reverend und Wunderheiler Bhengu betrifft die Hautfarbe von Christus: »Jesus war weder weiß noch schwarz. Er kam aus dem Osten, und dort sind die Leute andersfarbig. Aber die menschliche Hülle Jesu war der Farbe nach ja auch nur eine zufällige. Denn Jesus existierte lange, bevor er menschliche Gestalt annahm. Ebenso will ich weder von schwarzen noch weißen Engeln wissen. Ich sage: Die Bilder mit weißen Engeln lügen. Die Engel sind Geister und damit immateriell. Gelegentlich können sie sich freilich in irgendeiner Form manifestieren, dann aber ebensogut schwarze wie weiße Körper annehmen. Aber weil der Heilige Geist als Taube niederschwebte, kann man ja auch nicht sagen, daß er eine Taube ist. Ebensowenig kann man sagen, daß Gott Feuer ist, weil er sich Moses in einem brennenden Dornbusch offenbarte. Nein, ich sage, man soll sich von Gott und den Engeln keine Bilder machen.«

Ich war bei einigen Taufen dabei. Aber meist fand ich in der kleinen Wiege noch ein Amulett oder einen Fetisch von den Göttern Afrikas.

Haiti, die älteste Negerrepublik der Welt, hat 5 Millionen schwarze Katholiken, die gleichzeitig den Voodoo-Göttern Afrikas opfern. Aber Afrika ist 10 000 Kilometer entfernt!

Und ich denke an das Kind.

Der Mund unter den zerstörten Augen lachte. Die Mutter nahm es an der Hand und führte ihr Kind auf dem schmalen Weg.

Ohne Wunsch und Einwilligung der Mutter hätte der Medizinmann nie das Kind verstümmeln können. Die Stellung der Frau bei den Ovambos ist nicht nur gleichberechtigt, sondern in vielen Fällen dominierend. Die Kinder tragen den Namen der mütterlichen Sippe. Von alters her hat der Bruder der Mutter ein größeres Recht über deren Kinder als der leibliche Vater. Das bantusprachige Volk der Ovambos waren in ihrer Geschichte meist Bauern. Die Frau war als Arbeiterin auf dem Feld der Mittelpunkt dieser Gesellschaft. Heute arbeitet ein großer Teil der Ovambos als Gastarbeiter in den Städten von Südwest, in der Walfischbucht oder in der Republik Südafrika. Dadurch entstand eine neue Schicht, die sich von den alten Bindungen losgelöst glaubt, aber noch keine neue Form gefunden hat. Auf dem Land trägt man heute noch vier Tage nach der Geburt den Säugling vor die Hütte und zeigt ihm seine Welt. Ein Mädchen wird zur Tenne und den großen Getreidekörben geführt, ein Junge zur Viehherde und zu den Milchgefäßen. Symbolisch wird damit die Aufgabe der Geschlechter dargestellt, die bei den Ovambos eindeutig festgelegt ist. Das Problem zwischen Mann und Frau begann eigentlich erst nach dem Zweiten Weltkrieg, als die Männer Gast- und Wanderarbeiter wurden.

Während unserer Weiterfahrt nach Ruacana bemerke ich manchmal Feindseligkeit. Sie ist schweigend, nicht aggressiv. Vielleicht erschreckend, weil man sie nicht mit einem Lächeln – die schönste Sprache zwischen Menschen, die sich nicht verstehen können – beseitigen kann.

Unser Wagen hat ein Minensuchgerät für Tellerminen auf der Landstraße. Wir befinden uns knappe 15 Kilometer von der Grenze zu Angola entfernt, die mitten durch die mächtigen Wasserfälle des Kunene geht.

Über 100 Meter stürzen hier die Wasser des Kunene über abgeschliffene, hufeisenförmige Basaltfelsen in ihr gewundenes, tief eingeschnittenes Flußbett, das kurvenreich dem Atlantik zustrebt. Für Menschen kaum zugänglich, ist es ein Revier für Krokodile und Fischadler. Einst floß der Kunene, der im Hochland von Angola entspringt, in die große Etoschapfanne. Erdbeben verschütteten seinen alten Lauf, eröffneten ihm aber einen Weg durch die Berge in den Atlantik.

Die Ruacana-Fälle gehören zu den schönsten Wasserfällen der Welt. Nur die Victoria-Fälle, der Gulfoss auf Island oder die Niagara-Fälle können es mit der Schönheit der fallenden Wasser des Kunene aufnehmen. Doch von den Ruacana-Fällen gibt es keine Postkarten. Hier steht kein Hotel, es kommen keine Besucher. Nachts beleuchten keine Scheinwerfer die weiße Gischt.

Die Schönheit ist feindselig für die Menschen, denn die Grenze zwischen Südwest und Angola hat jedes Jahr Hunderte von Toten: Opfer und Kämpfer.

Hier am Kunene sehe ich zum ersten Mal die Regenbögen der Nacht. Der Mond steht im Zenit, sein Licht verwandelt die Millionen Wassertropfen in schimmernde Perlen. Jede Perle ist von einem opalisierenden Spektrum umgeben, das fast weiß wirkt. Die fehlende Farbe wird durch ein kaltes Funkeln ersetzt. Die seltenen Mondregenbögen wirken viel näher, aber auch geheimnisvoller als die Spektralfarben des Regenbogens durch Sonnenlicht.

Oberhalb der Ruacana-Fälle kann man seine Hände in klares Wasser tauchen. Es ist nicht salzig. Es schmeckt nach kaltem Gestein und nach frischer Luft. Eine Kostbarkeit in Afrika!

In der Hauptstadt eines der reichsten Länder unserer

Erde, dem Königreich Saudiarabien, steht am Wasserturm ein Spruch aus dem Koran: »Alles, was wir haben, ist auf Wasser gebaut!« Das gilt nicht nur für das Wüstenreich, auch für die riesigen Trockengebiete Südwestafrikas.

Das Ovamboland kann in guten Regenzeiten gute Ernten einbringen. Aber wehe, wenn der Regen ausbleibt! Das Land verdurstet neben dem Wasser des Kunene.

Nur wer einmal der Wüste ausgesetzt war, weiß, daß Wasser wichtiger ist als Öl, Gold und Diamanten.

Hier in Ruacana wurde 1963 die Idee geboren, die Wasserkraft des Kunene in Elektrizität und Fruchtbarkeit für die Felder umzuwandeln. Durch den Odendaal-Plan kam es zwischen der Regierung von Südafrika und dem portugiesischen Staat zu einem Abkommen. In Angola sollten zwei Staudämme errichtet und in Südwest ein Kraftwerk gebaut werden. Die Bauten sind fertig, aber inzwischen so nutzlos wie das kostbare Wasser, das in den Atlantik strömt.

Der Kunene entspringt im Hochland von Angola in der Nähe von Nova Lisboa, dem heutigen Huambo. Aus einem Gebirgsplateau von 2500 Meter Höhe strömt er nach Süden. Die Regierungen von Portugal und Südafrika beschlossen, zum Vorteil beider Länder, das Wasser des Kunene zu nutzen.

1969 begann die Arbeit am Staudamm bei Gove, in der Nähe von Lisboa. Gleichzeitig wurde der Calueque-Damm, 40 Kilometer nördlich von Ruacana, gebaut. Das Kraftwerk ist knapp zwei Kilometer vom Ruacana-Wasserfall auf südwestafrikanischem Territorium in den Fels gebaut, während alle anderen Anlagen auf angolesischem Staatsgebiet liegen. Das Kunene-Wasser sollte Südangola und das Ovamboland bewässern, gleichzeitig Strom für Windhoek, die Bergwerke von Tsumeb und den Urantagebau bei Swakopmund liefern.

Angola und Südwestafrika glaubten an den Beginn eines

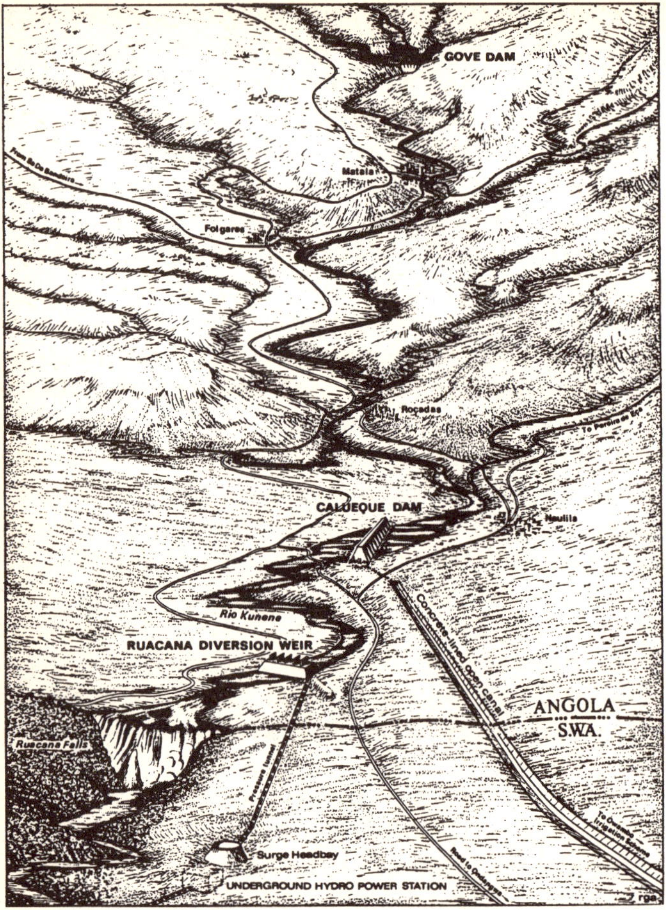

Die Skizze zeigt die Ruacana-Fälle, die sich an der Grenze zwischen Namibia und Angola über 70 Meter tief in eine enge Schlucht stürzen. Das Kunene-Kraftwerk wurde zur Zeit des Odendaal-Planes 1964 begonnen. Es sollte Elektrizität erzeugen und Land bewässern. Zwei Dämme, der Gove- und der Caluque-Damm, sind in Angola, das Kraftwerk liegt unterirdisch in Namibia. Seitdem Angola die Staudämme geöffnet hat, fließt das Wasser ungenutzt in den Atlantik.

neuen Zeitalters, wenn der Kunene beiden Ländern seine Kraft schenken würde.

Das Millionenobjekt ist vertan. Die Geschichte hat sich für die Politik, nicht für die Vernunft entschieden. 1975 wurde die portugiesische Überseeprovinz Angola unabhängig. Über der Volksrepublik Angola weht jetzt die rotschwarze Fahne mit fünfzackigem gelben Stern, Zahnradbogen und Machete. Die Verfassung beruht auf sozialistischer Grundlage. Die Staatssprache blieb in dem Babylon von 120 verschiedenen Stammessprachen portugiesisch.

Die Regierung in Luanda befahl, daß die Schleusen geöffnet wurden, dadurch liefen die Stauseen aus, und das Kraftwerk konnte nicht gespeist werden. Der Atlantik nimmt das nutzlos gewordene Wasser wie seit Jahrtausenden auf. Nur bei starken Regenperioden kann das Ruacana-Kraftwerk knappe zwei Monate arbeiten.

Vielleicht ist dieser Frevel schlimmer als der Guerillakrieg. Er trifft alle Lebewesen. Wer einmal durch ein Wüstengebiet wanderte und den Spuren einer verdurstenden Rinderherde folgte, wird nie das qualvolle Sterben vergessen. In den lederüberzogenen Gerippen leben nur noch die übergroßen feuchten Augen. Das Brüllen ist ein Röcheln. Die Euterhäute sind zerrissen von dem verzweifelten Saugen der Kälber. Der Fluß ist da, aber er ist unerreichbar. Der Mensch hat versagt, weil er seine Aufgabe als Herr und Beschützer allen Lebens mißbraucht!

1980/81 hatte Südwest eine Dürreperiode, die viele Brunnen austrocknen ließ. Die wilden Tiere litten vor allem unter dem immer tiefer sinkenden Grundwasserspiegel. Der ewig blaue Himmel gab kein Wasser. Die Farmer mußten Rindvieh und Schafe notschlachten, während der Kunene sein lebenspendendes Wasser dem Ozean schenkte!

10. Der undurchsichtige Krieg

Die westliche Grenze von Südwestafrika ist vollkommen menschenfeindlich. Zwischen Kunene und Swakopmund liegt auf einer Küstenstrecke von 600 Kilometern der größte Schiffsfriedhof der Welt.

Im Süden verläuft die Grenze mit der Republik Südafrika, im Osten mit Botswana.

Im Norden hat der oft nur 15 Kilometer breite Caprivizipfel eine schmale Grenze mit Sambia. Im Vierländereck von Kazungula treffen Simbabwe, Botswana und Sambia mit Südwestafrika zusammen.

Die heiße Grenze sind die 1400 Kilometer im Norden, zwischen Angola und dem zukünftigen Namibia. Die Landschaft des Ovambolandes ist tropisch und gehört geologisch und volkstumsmäßig zu Südangola. Nördlich der Etoschapfanne, am 20. Breitengrad, beginnt eine andere Welt, die nicht mehr zu den Trockengebieten von Südwest gehört.

Hier leben 442 000 Ovambos, die knappe Hälfte der Einwohner von Südwestafrika. Im Kolonialzeitalter wurde die gerade Grenzlinie vom Okavango bis zum Kunene gezogen, ohne Rücksicht auf die verschiedenen Völker. Mit dieser geschichtlichen Entscheidung muß nicht nur Angola, sondern auch das freie Namibia fertig werden. Wie verwundbar solche Grenzen sind, dafür gibt es Beispiele in der ganzen Welt.

Während der deutschen Kolonialzeit waren die nördlichen Landesteile – Okavango, Ovamboland, Kaokoveld und der Caprivizipfel – zwar unter deutschem Protektorat, aber nicht unter unmittelbarer deutscher Verwaltung. Die Macht lag bei den Stammeshäuptlingen. Nach 1908 fanden einige

Repräsentationen des deutschen Kaiserreiches statt, die aber nie in die innere Struktur des Ovambolandes eingriffen.

1920 kam es zwischen den Ovambos beiderseits des Kunene zu kriegerischen Auseinandersetzungen mit den Portugiesen. Zum ersten Mal griffen auch südafrikanische Truppen in den Grenzkrieg ein.

1957 gründete einer der Ovambo-Intellektuellen, der in der Südafrikanischen Republik studiert hatte, die erste Widerstandsorganisation der Ovambos. Toivo ja Toivo rief von Kapstadt aus die OPO ins Leben: O(vamboland) P(eoples) O(rganization). Aus ihr entwickelte sich in kürzester Zeit die SWAPO (South West Africa Peoples Organization), Organisation der Südwestafrikanischen Völker. Zu den Gründern der SWAPO, die sich als einzige rechtmäßige Vertretung der schwarzen südwestafrikanischen Interessen versteht, gehörten sechs weiße Linksintellektuelle, unter ihnen Dennis Goldberg, Brian Bunting und Professor Jack Simons.

Finanzielle Hilfe gaben und geben seit der Geburtsstunde der SWAPO die Sowjetunion, Kuba, Nordkorea und Tansania.

Nach dem offiziellen Besuch des Ministerpräsidenten der Republik Südafrika, John Balthasar Vorster, 1971 in Windhoek, kam es zu dem größten Streik in der südwestafrikanischen Geschichte. 6000 Ovambos, die in Wohnsiedlungen in dem schwarzen Stadtteil Katatura, zwölf Kilometer außerhalb von Windhoek, lebten, verweigerten die Arbeitsaufnahme.

Die Geschichte dieser Wander- oder Vertragsarbeiter ist alt. Bereits um 1900 kamen Tausende von Ovambos auf befristete Arbeitszeit in das aufblühende Windhoek. Sie durchquerten zu Fuß die Etoschapfanne, wehrten sich gegen wilde Tiere und fremde Stämme, um dann nach Monaten mit dem Ersparten zu ihren Familien zurückzukehren. Während guter Erntezeiten im Ovamboland blieben die Wanderarbeiter in den Minen, beim Straßen- und Eisenbahnbau aus.

Über ein halbes Jahrhundert der Vertrags- oder Gastarbeit hat das Familienleben der Ovambos sich verändert. Das streng moralische Mutterrecht, nach dem der älteste Bruder der Mutter gegenüber den Kindern stärkere Recht hat als der leibliche Vater, wird immer mehr erschüttert.

Der Streik von 1971 griff auf die Bergwerke, die Industriebetriebe und auf den Fischfang von Walvis-Bay über. Weiße Schulkinder und Studenten versuchten, in den Städten einen Notdienst aufrechtzuerhalten. Über 12 000 Streikende wurden ins Ovamboland zwangsmäßig zurückbefördert. Ihre Forderungen: angemessene Löhne, Änderungen der diskriminierenden Paßgesetze, Krankenhauskosten, die der Arbeitgeber übernimmt, keine Arbeitsverträge über zwölf Monate, sondern nur über neun, wurden teilweise erfüllt. Trotzdem sprang 1972 die Unruhe auf das Heimatland der Ovambos über. Vor allem in den Gebieten, wo die SWAPO von Sambia aus operierte, richteten sich die Angriffe gegen die traditionelle Führerschicht der Häuptlinge.

Ende 1972 wurde für Ovamboland der Notstand ausgerufen. Es wurden südafrikanische Truppen eingesetzt. UNO-Generalsekretär Waldheim und sein Sonderbeauftragter Escher bereisten das Land. Am 1. Mai 1973 erklärte Pretoria Ovambo zu einem Autonom-Staat, das heißt, daß die einzelnen Stämme die Mitglieder zum »Gesetzgebenden Rat« selbst wählen konnten. Diese wählten dann ihre eigene Regierung, die weitgehend für innere Angelegenheiten zuständig war. Die SWAPO rief sofort zum Boykott der

Wahlen auf. Trotz anhaltender Unruhen wurden auch die kleineren Nachbarländer Kavango und Ostcaprivi, unter dem neuen Namen »Lozi«, Autonom-Staaten.

Drei sich selbständig verwaltende Territorien bildeten jetzt die Grenze zu Angola.

Da veränderte die Weltgeschichte die Karte Afrikas.

1974 begann die Revolution in Angola. Das wirtschaftlich geschwächte Portugal mit einer linken Regierung verließ fluchtartig seine Überseeprovinz. Nach fünfhundertjähriger portugiesischer Herrschaft wurde die Fahne in würdeloser Hast eingezogen. Angola schlitterte in den Bürgerkrieg.

Drei Führer kämpften um die Macht. Im Norden der Stammesführer Holden Roberto mit der FNLA, der Nationalen Front für die Befreiung Angolas; im Zentrum, um die Hauptstadt Luanda herum, Dr. Agostinho Neto mit der MPLA, der kommunistischen Volksbefreiungsbewegung, und im Süden Dr. Jonas Savimbi mit der UNITA, der Nationalen Union für die völlige Unabhängigkeit Angolas.

Heute gibt es offiziell nur noch die MPLA. Dr. Neto starb Anfang 1981 in einer Moskauer Klinik. Dr. Savimbi behauptet aber, mit seiner UNITA immer noch einen großen Teil des südöstlichen Angola zu beherrschen.

In diesem kritischen Sommer von 1975 begann ein Krieg, der bis heute völlig undurchsichtig ist.

Am 9. August 1975 marschierten südafrikanische Truppen über die Kunenegrenze bei Ruacana. Pretoria erklärte, es wolle das Kraftwerk und das Hinterland mit den Staudämmen schützen.

In kürzester Zeit stieß die Armee, untersützt von Luftlandetruppen, an der Küste entlang bis Luanda vor. Die wichtigen Häfen Mossamedes, Benguela, Novo Redondo wurden erobert. Bei dem kleinen Dorf Quifango, 19 Kilometer vor Luanda, blieb der Angriff stecken.

Warum?

Es gibt keine Antwort, nur Vermutungen.

Lieferten die Truppen der Kubaner und der DDR mit sowjetischen Waffen die entscheidende Abwehrschlacht?

Konnten die langen Nachschubwege nicht mehr gesichert werden?

Hatte Südafrika gehofft, daß die westliche Welt sich anschließen würde, um den kommunistischen Vormarsch an der Westküste des südlichen Afrikas zu stoppen?

Hatten die Vereinigten Staaten einen Rückzug Südafrikas gefordert?

Wollte Südafrika nicht mehr allein auf fremdem Territorium gegen marxistisch-kommunistische Truppen kämpfen?

Keine Antwort.

Am 11. November 1975 erklärte das kriegszerstörte Angola seine Unabhängigkeit.

Im März 1976 verließen die letzten südafrikanischen Truppen das Land. Die offizielle Erklärung der Regierung Südafrikas lautete: »Wir haben während der letzten paar Tage durch eine dritte Macht Zusicherungen erhalten, die generell für uns annehmbar erscheinen. Wir prüfen gerade, ob wir diese Zusicherungen richtig interpretieren, und wenn das so ist, dann wird Südafrika seine Truppen aus dem Gebiet um Calueque nicht später als am 27. März 1976 zurückziehen.« Premierminister Vorster gab diese Erklärung ab.

Viele Worte, aber keine Antwort!

Es gibt ein Buch eines afrikanischen Reporters, der als Leutnant an dem Krieg teilnahm. Willem Steenkamp gab seinem Buch einen langen Titel: »Adios Angola – der verschaukelte Krieg. Wir marschierten ein. Wozu?«

Steenkamp schreibt in seinem Vorwort: »Mein Buch ist

jenen gewidmet, die mutig vor uns marschierten und bis ins Herz des feindlichen Landes vordrangen. Viele sind gefallen. Viele wurden verwundet. Wer weiß, was sie dachten? Weinen wir um sie, um Südafrika und einen gequälten Kontinent.«

Als der Vorsitzende des Staatsrates der Deutschen Demokratischen Republik, Erich Honecker, 1979 die Volksrepublik Angola besuchte, legte er einen Kranz an der Gedenktafel nieder. Die Reste einiger Stellungen und Schützengräben sind um die auf dem Erdboden eingelassene Platte noch zu sehen. Auf dem provisorischen Denkmal steht: »Hier wird ein Monument zum Gedenken an die Schlacht von Quifango, den Grundstein zum endgültigen Sieg, errichtet. Der Kampf geht weiter – der Sieg ist gewiß! La luta continua! La vitória é certa!«

Diese Worte lernt jedes Kind in der DDR in der Schule.

Erich Honecker besuchte die FDJ-Brigaden, die in Angola eigene Stützpunkte haben, um junge Angolaner zu Kraftfahrzeugschlossern auszubilden und die Lkw vom Typ W-50 zu warten. Es war kein offizieller Besuch der Truppen der Nationalen Volksarmee vorgesehen.

Aber in den Schulbüchern der DDR steht: In Quifango vor Luanda wurden schwerbewaffnete portugiesische, kolonialfaschistische NATO-Söldner mit Vietnamerfahrungen, angolanische Marionetten der Internationalen Reaktion und südafrikanische Rassistentruppen siegreich geschlagen. Die Kämpfer der MPLA und der kubanischen Internationalisten, ausgerüstet mit sowjetischen Waffen, bekämpften erfolgreich das verbrecherische Komplott.«

In unseren Schulbüchern habe ich weder über die alte noch über die neue Geschichte von Südwestafrika etwas gefunden.

Seit 1976 führen die MPLA und die SWAPO einen gutorganisierten Guerillakrieg gegen die Einwohner von Ovamboland. Namibische Territorialverbände und südafrikanische Truppen schlagen die Angriffe zurück.

Der Führer der SWAPO, Sam Nujoma, ist eine bekannte Figur auf dem Parkett der Bonner Diplomatie. Der mittelgroße, untersetzte Schwarze mit dem graumelierten Bart in eleganten Maßanzügen aus der Bondstreet – er hat sein Domizil in London – zeigt meist ein strahlendes Lächeln, das wenig zu seinen Worten und Handlungen paßt.

Sam Nujoma wurde 1929 in Ongandjera im Ovamboland geboren. Elf Kinder gehörten zur Familie. Drei starben sehr jung. Ein Bruder fiel während der Ovamboaufstände 1973. Zuerst besuchte Nujoma die Schule der Finnischen Mission. Wie er selbst sagt, lernte er in vier Jahren schreiben, lesen, etwas rechnen und beten. Den Siebzehnjährigen nahm seine Tante mit nach Walvis-Bay, aber schon bald folgte er einem Onkel nach Windhoek. Er arbeitete in verschiedenen Jobs, bei der Eisenbahn, als einfacher Bote, als Büroreiniger. Nach Feierabend besuchte er die Abendschule der Anglikanischen Mission.

Zwei Reportern, Alfred Babing und Hans-Dieter Bräuer aus der DDR, erzählte er über diese Zeit: »Bei meiner Arbeit erlebte ich Tag für Tag, wie brutal Rassisten uns Afrikaner behandeln. Die Ausbeutung war grausam, aber dadurch wuchs auch unsere Empörung. Die faschistische Regierung in Pretoria lenkte die gesamte Staatsmaschinerie, und alles in unserem Lande war im Besitz oder stand unter Kontrolle der weißen Siedler burischer oder deutscher Herkunft.«

Als Dreißigjähriger wurde er 1959 Mitglied des OPO, des Ovamboland-Volkskongresses. Daraus entstand die SWAPO, deren Präsident Nujoma seit 1962 ist. Im Exil in verschiedenen afrikanischen und europäischen Staaten baute Nujoma seine Macht aus. Im selben Interview von

1979 erklärte er den DDR-Journalisten: »In Namibia sind vor allem weiße Rassisten deutscher Herkunft an der Macht. Diese Machthaber der alten deutschen Kolonialisten haben sich wie ihre Väter und Großväter zu keiner Zeit in irgendeiner Weise mit den Afrikanern auf eine Stufe gestellt. Sie waren und sind Kolonisten und Faschisten. Heute fürchten sich einige, daß sie die Folgen dieser Politik tragen müssen. Sie fürchten für ihren Besitz und ihr Leben. Diese Leute strotzen vor Falschheit.«

Zum Schluß des Interviews erklärte Nujoma die Unterschiede zwischen den beiden deutschen Staaten. »Die DDR ist als sozialistischer Staat mit der Befreiungsbewegung von Namibia eng verbunden. Sie gibt uns umfangreiche materielle und politische Hilfe. Demgegenüber ist die Bundesrepublik Deutschland als Teil des kapitalistischen Systems eine Stütze der Rassisten. Die grundsätzlichen Unterschiede in der Politik der beiden deutschen Staaten werden in ihren Taten außerordentlich deutlich.«

Mai 1981. Außenminister Genscher begrüßte den SWAPO-Führer Nujoma in Bonn. Es war der dritte offizielle Besuch. Inzwischen hatte die Politik von US-Präsident Reagan für Südwestafrika eine neue Linie eingeschlagen. Da ergriff der nun zweiundfünfzigjährige Freiheitskämpfer die Initiative. Nujoma, der für die SWAPO ein Büro in Ostberlin hat, was er sich auch in Bonn wünscht, erklärte: »Wenn die Eskalation des Krieges in Südwestafrika weitergeht, werden die Namibia-Deutschen sterben. Wir werden die Bundesrepublik Deutschland dafür verantwortlich machen, weil sie das rassistisch-kolonialistische Südafrika mit Geld und Waffenlieferungen unterstützt.«

Es gab in Bonn keinen Protest.

Am 31. Oktober 1977 war bereits das deutsche Konsulat in Windhoek geschlossen worden.

Das Forschungsinstitut für politische Wissenschaften der Universität Köln hat eine Studie über eine Machtübernahme der SWAPO in Namibia erarbeitet. Es gibt Beweise, daß die neuen Bürgermeister für Windhoek, Swakopmund und Tsumeb bereits in Ostberlin ausgebildet werden. Das Bündnis SED/SWAPO ist ein wichtiger Faktor für die Eroberung des südlichen Afrika. Inzwischen wurde das Berliner Büro der SWAPO zur diplomatischen Mission erhoben. Über dem Haus weht die grün-rot-blaue Fahne der Organisation der Südwestafrikanischen Völker.

Das ist keine Impression aus Südwest, sondern ein Alpdruck.

Der August 1981 geht zu Ende. Zaghaft beginnt der Frühling in der Etoschapfanne, wird aber bald zu einem flammenden Vorsommer am Kunene.

Wenn der Schwarze Erdteil auch keine Winterstarre kennt wie der nördliche europäische Kontinent, so signalisiert der Frühling, wie überall, neues Leben – auch für militärische und terroristische Unternehmen.

Der undurchsichtige Krieg geht weiter.

Am 27. August 1981 schreibt der südafrikanische Außenminister Roelof Botha an UN-Generalsekretär Dr. Kurt Waldheim: »Ich muß Ihre Aufmerksamkeit dringend auf die vorsätzlichen Angriffe von jenseits der Grenze richten, die von der SWAPO gegen die Zivilbevölkerung Südwestafrikas/Namibias unternommen werden. Diese Akte der Aggresion sind in den vergangenen Wochen zu neuen Intensitätsgraden eskaliert. Es ist klar, daß die SWAPO plant, ihre Terroristenangriffe gegen Südwestafrika/Namibia fortzusetzen. Um dieses Ziel zu erreichen, verfolgt sie die Strategie, eine Terroristenstreitmacht in benachbarten Ländern aufzubauen. Sie ist von der Sowjetunion und deren Satelliten, einschließlich Kuba, ahhängig hinsichtlich ihrer Weltanschauung, Ausbildung, Bewaffnung und ihres Nachschubes.

Weder Südwestafrika/Namibia noch Südafrika sind bereit, sich den bewaffneten Aktionen zu fügen, die jenseits der Grenze geplant und unternommen werden. Weder diese Region noch irgendein anderer Teil Afrikas wird die entstabilisierende Wirkung des sowjetischen Vordringens überleben, wenn nicht die freie Welt – und insbesondere die afrikanischen Staaten – sich der langfristigen Ziele der Sowjetunion bewußt werden. Wie viele »Afghanistans« müssen noch ertragen werden, bis, mit den Worten des früheren Präsidenten Carter, die wahren Motive der Sowjetunion erkannt werden?«

Der Brief an die UNO ist knapp sechs Seiten lang. Er erreicht seinen Bestimmungsort. Erreicht er aber auch sein Ziel? Es erfolgt keine Antwort.

Auch die Einladung, daß Mitglieder des Sicherheitsrates das Grenzgebiet unter dem Schutz der südafrikanischen Regierung besuchen können, wird nicht beantwortet.

Am 3. September greifen südafrikanische motorisierte Infanterie und leichte Artillerie den südlichen Teil Angolas an.

Der angolanische Präsident José Eduardo dos Santos meldet die Bombardierung von Njiva (früher Vila Pereira d' Eca), der Hauptstadt der Provinz Kunene in Südangola. Südafrikanische Panzer sollen bis 150 Kilometer tief in das Land eingedrungen sein.

Libyens Staatschef Ghaddafi bietet Angola Hilfe gegen Südafrika an. Die Sowjetunion versichert Angola ihre »Solidarität«.

Angola berichtet von 135 Panzern, 140 Transportern, 40 Kampfhubschraubern und 45 000 Soldaten, die den Süden Angolas verwüsten. Der Weltsicherheitsrat wird angerufen.

Südafrika meldet: »Unsere Operationen, wie alle früheren Verfolgungsoperationen, waren ausschließlich gegen die

SWAPO gerichtet. Die südangolanische Bevölkerung wurde von unserem Vorhaben durch Flugblätter informiert. Von uns wurde kein einziger Panzer eingesetzt, nur motorisierte Infanterie und leichte Artillerie. Die einzigen Panzer in diesem Gebiet waren 18 sowjetische Panzer vom Typ T 54 und T 34.

Ein sowjetischer Hauptfeldwebel wurde gefangengenommen, mehrere Sowjetsoldaten getötet. Mit kubanischen Truppen hatten die Südafrikaner keinen Kontakt, da diese nicht im südlichen Angola eingesetzt sind.«

Auf alle anderen Fragen, Spekulationen, Zukunftsaussichten gibt es von Südafrika nur eine Antwort: No comment – Kein Kommentar.

11. Gobabeb – Feigen in der Wüste

»Später stand eine schmale goldene Mondsichel am klaren westlichen Himmel. Wir aßen Leber und Hirn der Antilope, während sich unser Hund Otto mit dem Hals des Klippspringers begnügte. Dazu aßen wir das letzte Stück des von Windhoek mitgebrachten Brotes. Wir saßen noch lange und sprachen vom Krieg und von den uns gegebenen Möglichkeiten, uns in der Einsamkeit der Wüste zu behaupten. Das Kreuz des Südens stand funkelnd unter dem Felsdach, die Kanten der Kalkbastionen waren helle Linien zwischen den Sternen und der gestaltlosen Tiefe. Es war so still, als tropfe die tödliche Stille des Weltraumes von den Sternen herab.

Wir wußten, wir würden ein Leben an der Grenze zu führen haben, rein körperlich an der Grenze des Lebensmöglichen überhaupt. Das war das Gesetz der Wüste. Aber auch seelisch würde es nicht anders sein. Wir würden ein primitives Leben führen und uns hart an der Grenze wilder, gestaltloser Roheit bewegen müssen, wollten wir überleben. Und doch durften wir unsere feiner entwickelten Gefühle und die Oberwelt des wachen Verstandes nicht verleugnen, wenn wir geistig gesund bleiben wollten. Das waren sehr gegensätzliche Bedingungen, die vereint werden mußten. Oft waren Menschen, denen das nicht gelang, in ähnlicher Einsamkeit dem Wahnsinn verfallen. Nicht selten hatte Zwiespalt zu Mord und Totschlag geführt. In der sternenweiten Einsamkeit dieser stillen Nacht fühlten wir, daß die Zukunft viel von uns fordern würde, daß zu den Abenteuern des Jägerlebens die Abenteuer des Geistes kommen mußten. Wir konnten vielleicht lernen, wie Buschmänner zu leben, aber wir konnten niemals zurückfinden zu ihrer Art des

Denkens und Fühlens.

... Wir haben immer gewußt, daß das Leben ein harter und grausamer Kampf ist, aufgebaut auf Leid und Tod anderer Geschöpfe. Aber es war ein abstraktes, rein verstandesmäßiges Wissen gewesen. Das in behüteter Kindheit gewachsene Gefühl glaubte es anders zu wissen. Jetzt aber drang die Erkenntnis unbarmherzig in unsere Seele. Wir mußten töten, um leben zu können, und wir hatten nur einen spärlichen Munitionsvorrat. Da mußte mancher Gnadenschuß, den wir nur zu gern gegeben hätten, unterbleiben.

... Eine rote Sandfahne wehte von einer kleinen Düne in den blauen Morgen hinein. Im Süden verhüllte Sandsturm wie roter Nebel das Dünenmeer. In den Schluchten rauschte und heulte, pfiff und dröhnte und rumpelte der Sturm über Felsgrate, Felsnasen und Spalten. Es spielte ein tausendfältiges Orchester von wilden Felsinstrumenten unter den langen Strichen des Ostwindes.

Der Winterostwind der Namib gehört zu dem großen Atemrhythmus, mit dem Kontinent und Ozean das Gleichgewicht ihrer Luftmassen aufrechterhalten. Wenn die Luft über dem Hochland sich durch ein oder zwei Frostnächte so stark abgekühlt hat, daß sie kälter ist als die Luft über dem Atlantik, dann beginnt die schwere kalte Luft über die Hochlandkante herunterzufließen. Einem Wasserfall gleich rauscht sie über die Berge hinab, gewinnt an Geschwindigkeit, trifft auf das breite, glatte Pult der Namibfläche und rast dann ungehmmt, staubwirbelnd und sich von Meile zu Meile mehr erwärmend, hinunter zur See. Was im Hochland als kalter Nebel begann, erdrückt dann als heißer sandbeladener Oststurm die hohe Brandung des Atlantischen Ozeans, so daß das Meer nur noch mit blauer, niedriger Dünung den Strand der Wüste erreicht.

Wegen des Umfangs der Luftmassen bedarf es meist dreier Sturmtage, bis das Gleichgewicht zwischen Kontinent und Ozean wiederhergestellt ist. Im Sommer (Dezember-Januar) vollzieht sich der gleiche Prozeß mit umgekehrten Vorzeichen. Der Sog der über dem Festland aufsteigenden warmen Luft zieht dann die kühlere Seeluft als Westwind herein. Auf diese Weise herrscht in der Namib im Winter überwiegend Ost-, im Sommer in der Regel Westwind.«

Diese großartigen Wüstenbeschreibungen stammen aus dem Buch von Henno Martin: »Wenn es Krieg gibt, gehen wir in die Wüste.« Dieser Erlebnisbericht stammt von zwei jungen deutschen Geologen aus Südwest, Henno Martin und Hermann Korn; ihr Jugendgespiele, der Hund Otto, gehörte dazu. Ungefähr 200 Kilometer südwestlich von Windhoek, in dem schwer zugänglichen Canyon des Kuiseb-Rivers am Rande der Namib, lebten die drei zwei Jahre lang, von 1939 bis 1941. Die beiden jungen Deutschen wollten der Internierung durch südafrikanische Truppen entgehen, aber auch nicht an einem Krieg in Europa teilnehmen, der nicht ihr Krieg war.

Den deutschen Einwanderern, die damals eine Mehrheit in dem weißen Bevölkerungsanteil von Südwest bildeten, gelang es 1932, daß Deutsch als dritte Landessprache anerkannt wurde, neben Afrikaans und Englisch. Die damalige deutsche Bevölkerungsgruppe war traditionell mit dem alten Kaiserreich verbunden. Viele hatten an den Kämpfen gegen die Herero und Hottentotten von 1903 bis 1907 teilgenommen. 5000 deutsche Soldaten und Farmer waren in diesen vier Jahren gefallen oder ermordet worden. Die Deutschen wollten nach dem Ersten Weltkrieg nicht zur Südafrikanischen Union. Nach der Machtergreifung des Nationalsozialismus hofften viele auf eine »Rückkehr ins

Reich«. Als nach 1933 ein Abgesandter der NSDAP in Windhoek eintraf, um deutsche Einrichtungen zu finanzieren, wurde die Unionsflagge vom Regierungsgebäude in Windhoek niedergeholt und an ihrer Stelle die deutsche Flagge gehißt. NSDAP und Hitlerjugend wurden gegründet. Ende Mai 1934 meldete die »Landesgruppe SWA«, daß Stabswalter und Hoheitsträger auf den Führer Adolf Hitler vereidigt worden waren.

Über jene Deutschen, die sich der NSDAP nicht anschlossen, wurde nach Berlin berichtet. Ein Teil von ihnen befürchtete Repressalien gegen ihre Verwandten in Deutschland. Außerdem stand ihnen, soweit sie noch Reichsdeutsche waren, Ausbürgerung auf Grund eines Gesetzes vom Juli 1933 bevor. Das bedeutete den Verlust ihres Besitzes in der Heimat.

Probleme, vor die Auswanderer immer wieder gestellt werden.

Aber bereits Ende 1934 wurden, nach einem »Tag der Deutschen Jugend«, alle Gruppen der NSDAP in Südwest verboten. Um dem Land den Frieden zu bewahren, entschloß sich Berlin 1936 zu einer Proklamation, die besagte, daß Ausländer nicht Mitglieder einer politischen Organisation der NSDAP werden könnten. Auch Deutsche mit doppelter Staatsangehörigkeit könnten nicht auf den Führer vereidigt werden.

Der politische Rückzug der Reichsregierung beruhte wohl auf dem Angebot des südafrikanischen Ministerpräsidenten General J. B. M. Hertzog, der, im Rahmen einer Gesamtregelung der Kolonialfrage, bereit war, an Deutschland für den endgültigen Verzicht auf Südwest ungefähr 50 Millionen Pfund zu zahlen.

Inzwischen hatten sich fast 18 000 weiße Südafrikaner in Südwest angesiedelt.

Die Entwicklung des Nationalsozialismus fand in den sogenannten »Kulturvereinen« statt. Die deutsche Zeitung in Windhoek, die »Allgemeine Zeitung«, änderte ihren Namen in »Deutscher Beobachter«. Nur eine kleine Gruppe von Deutschen widerstand dem Druck der Partei und schloß sich zur »Volksdeutschen Gruppe« zusammen.

Bei Kriegsausbruch 1939 verschärfte sich die Situation. Pretoria befürchtete einen Putsch der Deutschen in Südwest. Verteidigungsminister Pirow schickte Polizeiverstärkung in das Mandatsgebiet. Hitlers Geburtstag, der 20. April 1939, war noch ohne Provokationen verlaufen. Die Deutschen hatten die Reichsfarben geflaggt. Erst im September 1939 begann das Verhängnis für die Deutschen. Die Wehrmacht hatte Polen mit Hilfe der Russen in einem Monat besetzt, da wurde Ministerpräsident General Hertzog, der für Südafrika die Neutralität erklärt hatte, abgewählt. Die Südafrikanische Union erklärte Deutschland den Krieg. Soweit die Deutschen offiziell mit dem Nationalsozialismus in Verbindung standen, wurden sie verhaftet und interniert. 1942 wurde den Südwestafrika-Deutschen die britische, das heißt die südafrikanische Staatsangehörigkeit, abgesprochen, soweit sie nicht als Freiwillige in der südafrikanischen Armee dienten oder Angehörige von Freiwilligen waren. 1944 wurden die Deutschen ins Reich zurückgebracht.

Nach Kriegsende kam ein Teil der Deutschen nach Südwestafrika zurück. Die deutschen Privatschulen in Windhoek, Karibib und Lüderitz wurden wiedereröffnet.

Es war dieses Jahr 1939, als die beiden jungen Deutschen in Windhoek sich entschlossen, dem Krieg und damit der Geschichte auszuweichen, und in die Wüste gingen. Zwei Jahre hielten sie durch. Henno Martin schreibt 1970 in seinem Vorwort:

»Als wir vor dreißig Jahren wie Raubtiere lebten, während der große Krieg wütete, machten wir uns Gedanken über die Entwicklung des Lebens und der Menschheit . . .«

Eigentlich sollte jeder junge Mensch, der sich zum »alternativen Leben« entschließt, aber die Sicherheit eines Sozialstaates hinter sich hat, dieses Buch einmal lesen.

In der ältesten Wüste der Welt, in der Namib, deren Dünen eine Höhe von 300 Meter erreichen, wurde 1963, 100 Kilometer südöstlich von Walvis-Bay, die Forschungsstation Gobabeb errichtet. Sie liegt am Rande des breiten Trockenbettes des Kuiseb. Dieses unterirdische Wasserreservoir ist seit langen Zeiten Wohnraum der Topnaar-Hottentotten, die mit ihren schwarzen Zelten und schwarzen Ziegen in der Oasenlandschaft leben.

Dr. Charles Koch, ein weltbekannter österreichischer Entomologe, der in Europa und Nordafrika bereits in der Insektenforschung gearbeitet hatte, entdeckte die faszinierende Welt der Insekten in der scheinbar leblosen Wüste. Er ließ die ersten Unterkünfte errichten. Heute können vier bis sechs Wissenschaftler an den verschiedensten Forschungsprojekten in Gobabeb gleichzeitig arbeiten. Eine Wüstenpiste, für geländegängige Wagen gut befahrbar, und ein Flugplatz für Sportmaschinen verbindet die Wüstenstation mit der Außenwelt.

Wir ziehen einen Kreis über Gobabeb. Hoch ragt der Wasserturm über mehrere bungalowartige Gebäude, die alle leuchtend weiß gestrichen sind. Noch ehe unsere Sportmaschine zum Stehen kommt, stoppt neben dem Sandfeld der Jeep von Dr. von Blottnitz, dem jetzigen Leiter der Forschungsstation.

Schmal, braungebrannt, ein Mann, der der Wüste verfallen ist, wie ich schon nach wenigen Stunden merke. Um das Licht des Morgens auszunutzen, starten wir sofort in dieses rotgoldene Meer der genau nordsüdlich ausgerichteten Sanddünen.

Sandfahren kann man mit Segeln vergleichen. Man muß eine gewisse Geschwindigkeit beibehalten, blitzschnell einer Bodenverfärbung, etwa einer gefährlichen Welle, ausweichen und das Steuerrad ganz elastisch führen.

In den Dünentälern liegt noch ein schmaler Morgenschatten, während die Sonne den Sand der Dünengipfel schon auf 40–50° C aufheizt. Wir rasen durch eine Landschaft aus Schluchten, Gipfeln, Kratern, Abhängen und sanften Hügeln, die keine bleibende Form haben, sondern mit dem Wind ihr Gesicht laufend verändern. Sonne und Wind sind die Bildhauer, die täglich neu die Namib formen. Obwohl die Atacama, das Wüstengebiet Chiles an der Atlantikküste, die vom Humboldtstrom gekühlt wird, die gleichen klimatischen Bedingungen wie die Namib hat, sind alle Lebensformen in der Namib einmalig.

Wir stoppen auf dem harten Untergrund eines Dünentales. Kalkstaub und Wüstensand haben hier eine feste Schicht gebildet.

Die plötzliche Stille scheint die Landschaft noch lebloser zu machen. Aber schon wenige Stunden später weiß ich, daß meine Augen blind waren, die Welt um mich herum aber voller Leben ist.

Behutsam zeigte mir der Leiter der Namibforschung (Namib Research Institute) einige der »Wüstenwunder«.

Am Schattenrand einer Düne hockt ein großer Schwarzkäfer. Sein Körper glänzt vor Feuchtigkeit, die der Morgennebel hinterlassen hat. Sobald ein Tropfen über seinen Kopf auf die Fühler rollt, reißt er den Mund auf und fängt das lebensnotwendige Naß ein. Er trinkt Wasser aus der Luft. Wenig davon entfernt eine Käferspur, die in Wirklichkeit zwei Käfern gehört. Eine weißrückige Käferart spendet sich gegenseitig Schatten, indem das eine Tier auf das andere klettert. Der untere Käfer läuft also im Schatten seines Huckepackpartners. Sobald der Chitinpanzer des oberen Käfers sich lebensgefährlich erhitzt, fällt er ab, und der kühle Läufer klettert jetzt auf den erhitzten Partner. Der Marsch durch eine schattenlose Hitze von 60–70 °C kann weitergehen.

Vor uns im Sand ist eine Spur, die an das Bandmuster alter Keramik erinnert. Ohne jede Verbindung liegt eine gut 30 Zentimeter lange Wellenlinie hinter der anderen. Der Abdruck zeigt den Weg einer Zwergpuffotter in ihr unterirdisches Versteck. Um mit dem heißen Sand so wenig wie möglich Berührungsmöglichkeiten zu haben, vollführt das Reptil einen eigenartigen Tanz. Der Körper, zur S-Form gebogen, berührt aber nur an zwei Punkten den heißen Sand, hinter dem Kopf und vor dem Schwanzende. Während der Kopf in die Marschrichtung zeigt, rollt die Schlange ihren Körper immer wieder seitlich ab und kommt so vorwärts.

So hat ein kleiner Gecko, der Palmatogecko, Schwimmhäute zwischen den Zehen, dadurch schießt er als Nachtjäger mit großer Geschwindigkeit über den lockeren Sand. Er schwimmt im Trockenen!

Erst vor kurzem wurde der goldene Namib-Maulwurf entdeckt. Tagsüber schläft er tief im Sand. Er hat nur Augenansätze, aber ein ausgezeichnetes Gehör, damit ist er für die Nachtjagd wie geschaffen. Vielleicht so alt wie die Namib, hatte er doch erst jetzt von den Menschen seinen Namen bekommen: *Erimitalpa granti namibensis.*

Sechs Meter von uns entfernt verharrt eine gut 15 Zentimeter lange Eidechse in einer bizarren Stellung. Das linke Vorder- und das rechte Hinterbein sind hoch erhoben vom Körper weggestreckt. Schwanz und Kopf stehen steil in die

Höhe. Mit dieser pittoresken Pantomime reguliert das Tier seinen Wärmehaushalt, so wie der Elefant seine riesigen Ohren bewegt, um das darunter liegende Adergeflecht zu kühlen.

»Hier ist das Bauernland der Topnaars«, dabei zeigt von Blottnitz nach links.

Ich sehe nichts außer Sand und das silbrige Dornengerippe eines toten Busches. Nur in einer Senke kriecht ein hellgrüner Strauch mit kleinen gelben Blüten über den Sand.

Als ich hingehe und eine Blüte pflücken will, hält mich mein Begleiter zurück.

»Das sind Narapflanzen, sie gehören irgendeiner Topnaar-Familie. Auch wenn kein Zaun darüber ist, die Wüste würde sowieso keine Zäune dulden, wird dieses Eigentum respektiert und Diebstahl hart bestraft. Die Narapflanze wird von Generation zu Generation vererbt. Oft hängt in sehr trockenen Jahren das Leben der Familie davon ab.

Die winzige Blüte ist eidottergelb, ihre Kürbisfrucht wird Anfang Dezember reif. Sobald die manchmal kopfgroße Frucht sich halbweich anfühlt, wird sie mit dem Stock abgeschlagen und reift im Schatten der Hütten nach. Aus der aufgeschlagenen Frucht wird das süße, stark nach Kräutern duftende Fruchtfleisch geschält und über offenem Feuer gekocht. Die orangegelbe, dickflüssige Suppe wird durch ein Sieb auf den heißen, sauberen Sand gegossen. Sonne und Sand erfüllen jetzt die Aufgabe eines Backofens. Nach drei Tagen werden die großen Fladen gewendet, damit die andere Seite trocken wird. In Streifen geschnitten, wird der Fleischkuchen als süße Leckerei verzehrt, wobei für den Fremden die eingebackenen Sandkörner etwas störend sind!

Die getrockneten Samen sind ein begehrtes Objekt für die Kaufleute in Walvis-Bay. In mandelähnlicher Form, aber mit einem ganz eigenartigen, ausgezeichneten Geschmack, sind sie inzwischen eine begehrte Delikatesse auf den eleganten Partys in Südafrika. Erinnern Sie mich bitte daran, daß ich Ihnen ein kleines Gedicht, ein Loblied auf diesen grünen Wüstenkürbis, mitgebe. Die Topnaars haben sogar ein gutes Rezept, Bier daraus zu brauen.«

Während wir in den Wagen steigen, blickt von Blottnitz in Richtung Wüste. »Die Gefahr für diese Wüstenpflanze kommt von dort. Für die Wasserversorgung von Walvis-Bay mit seinen Fischfabriken – wenn auch heute nur mehr zwei statt elf wegen der Überfischung der Küste arbeiten – wird das unterirdische Wasser aus dem Kuiseb bei Rooibank abgepumpt. Der Grundwasserspiegel sinkt, und die Narapflanzen müssen sterben.«

Es wird drückend heiß. Der Windzug in dem offenen Jeep bringt auch keine Abkühlung mehr. Mir ist schleierhaft, wie man in diesem Dünenmeer seine Richtung behalten kann.

»Achtung! Festhalten!«

Wir rasen eine Düne hoch. Ich komme mir vor wie auf einer Startbahn. Vielleicht werden wir auf dem Scheitel der Leeseite die Luvseite überspringen und als Flugzeug ins nächste Wellental schweben.

Ein Ruck, schlagartig, heftig. So halten die Nylonseile die mit 250 Stundenkilometern einfliegenden Phantome auf den Flugzeugträgern. Wir sind eingemauert im Sand knapp vor dem Scheitel der Düne. Gott sei Dank, die Kameras sind gerettet! Dafür schwillt mein linkes Handgelenk kürbisartig an. Damit habe ich am eisernen Windschutzrahmen den Stoß abgefangen. Kreuzweise wird mein Kopftuch straff um das Handgelenk gebunden, zu weiterem haben wir keine Zeit. Alle vier Räder sind vom Sand bedeckt, dazu steht die Sonne fast im Zenit.

Wir müssen schaufeln!

Wer einmal in der Wüste einen Spaten in der Hand hatte, kennt das Gefühl: Der ganze Boden scheint flüssig zu sein. Es wirkt wie ein Wunder, wenn der Tiefgang plötzlich wie eine Schiffsschraube arbeitet und der Jeep sanft die Luvseite herunterrollt.

»Eigentlich wollte ich Ihnen nur die Hottentottenpopos drüben bei den abgeschliffenen Steinen zeigen!« lacht Blottnitz. Ich fasse an mein verlängertes Rückgrat, das nach dem Aufprall und Schaufeln ein Eigenleben zu führen scheint.

Trotz allem, sie sind ein kleines Wunder, die im Volksmund Hottentottenpopos heißen, für das Auge wie helle Kieselsteine mit braunen Einsprengseln wirken, aber blühende Steine sind. Diese Lithops haben sich perfekt der Wüste angepaßt. So groß wie ein Hühnerei liegt die Pflanze auf dem Boden, ihre beiden Blätter haben sich zu dieser Kieselsteinform geschlossen. Aber winzige, durchsichtige Fenster – die hellbraunen Einsprengsel – auf der Blattoberfläche lassen das Licht zu dem chlorophylltragenden Gewebe tief im Blattinnern durch. Die Gewalt der Sonne kann das unterirdische Leben nicht zerstören. Für durstige Tiere wären diese Pflanzen oft die letzte Rettung, aber um sich vor der Ausrottung zu schützen, tarnen sich die Lithops als Steine.

Welch wundersame Wege geht das Leben! Wie stark ist das Leben.

Wir drehen in Richtung Gobabeb. Von einer hohen Dünenkante rutschen plötzlich Sandmassen wie eine Schneelawine von der Steilböschung ab. Der Himmel ist nicht mehr blau wie am Morgen. Er bekommt ein stumpfes Graugelb wie Schmirgelpapier. Die Kanten, Bögen, Schwünge und Arabesken der Sandgebirge verschwimmen. In der kochenden Mittagshitze hat das Höllenlicht das kleine Stück von unserem Planeten verwandelt und aufgesogen. Wir sind ausgeliefert an das Gestirn, das wir umkreisen.

Man spürt das nie so stark im Vierundzwanzig-Stunden-Rhythmus wie in der Wüste.

Ich habe es schon bemerkt, bevor der Wagen zum Stehen kommt. Ein Berg schwimmt im Himmel! Er steht über dem nördlichen Horizont, losgelöst von der Erde, einen breiten Streifen Himmel unter sich. Er scheint schwerelos, obwohl das rötlich-blaue Gestein zu erkennen ist. Es ist die erste Luftspiegelung nach oben, die ich sehe. Die Brechung der Lichtstrahlen läßt den unter dem Horizont liegenden Rössingberg über der Erdkrümmung sichtbar werden.

Im Gegensatz zu den Fata Morganas, die auf stark erhitzten Ebenen durch Brechung der Lichtstrahlen entstehen, wird hier für das Auge etwas sichtbar, was sonst für das Auge nicht erreichbar ist.

Es ist erschreckend, aber vielleicht auch tröstlich, daß die exakte Wissenschaft immer noch von wundervollen »Realitäten« durchbrochen werden kann.

Das letzte Stück fahren wir durch das Rivier des Kuiseb. Hohe Tamarisken und Akazien verraten, weithin sichtbar, den unterirdischen Verlauf des Kuiseb.

Wir halten unterhalb von der Forschungsstation vor dem höchsten Baum. Er hat diesem Gebiet seinen Namen gegeben. Es ist ein gut 50 Meter hoher Feigenbaum. Gitterartig hängen Luftwurzeln um den mächtigen Stamm. In der dunkelgrünen Krone mit den fünffingrigen Blättern seufzt der »Soo – oop – wa«, wie die Nama-Hottentotten den Dünenwind nennen. Zweimal jährlich hat der Feigenbaum über viele Generationen die Topnaars mit seinen Früchten versorgt. Getrocknet waren sie oft die letzte Rettung vor dem Hunger. Wenn man die kleinen, winzigen Früchte röstet, gibt es einen würzigen Feigenkaffee.

In vielen Religionen ist der Feigenbaum ein heiliger Baum. In Indien verkleidet man ihn – wie einen Menschen –

mit der heiligen Brahmanenschnur. Buddha empfing unter einem Feigenbaum seine Erleuchtungen. Im Mittelalter galten Feigen als heilkräftig. Gleichzeitig war und ist die Feige heute noch ein lebendiges Sexualsymbol. Aber das Blatt des Baumes scheint die Frivolität der Frucht zu verdecken und ist nach dem 1. Buch Mose 3,7 der bildliche Ausdruck für die schamhafte Verhüllung. Seit frühchristlicher Zeit wird das Feigenblatt bei der Darstellung nackter Menschen verwendet. Welch seltsamer Baum, der Sinnlichkeit und Prüderie in Frucht und Blatt symbolisiert.

Ich steige aus und klopfe dreimal an seine tiefnarbige Rinde. So, wie man in Rom in die Fontana di Trevi Münzen wirft, um wiederzukommen. Ich möchte zurückkommen in die Namib.

Wir trinken heißen Tee im »Erich-Lübbert-Haus«, so genannt nach einem Mäzen der Forschungsstation. Und dann erlebe ich noch ein Wunder. Es ist so klein, daß man es in der Hand halten kann. Kleiner als unsere Taube, hat das Flughuhn erst sehr spät dem Menschen seine Überlebenskunst verraten.

Am Hausabhang liegt ein kleines Wasserbecken, mit natürlichen Steinen in die Landschaft eingebaut. Drei Aloen, ein paar Gräser und ein verkrüppelter Salvadorastrauch stehen um das Wasserloch. Die Sonne steht im Westen zwei Handbreit über der Wüste, da fällt das erste Flughuhn ein. Es steckt seinen Schnabel ins Wasser und schlürft, ohne den Kopf zu heben. Es ist ein Männchen. Nach dem Trinken dreht es seinen ganzen Vorderkörper im Wasser hin und her. Es scheint mit Genuß zu baden.

Aber wie lächerlich ist unsere Annahme! In Wirklichkeit versucht das Tier, so viel Wasser wie möglich in seinem Gefieder aufzunehmen.

Der Naturforscher Uwe George beschreibt in seinem Buch

»In den Wüsten unserer Erde« seine Beobachtungen über die Flughühner: »Die Umwandlung von Federn, die ja normalerweise wasserabweisend sind, in ein wasserspeicherndes Gefieder bedeutet eine erstaunliche Anpassung. Wenn das Männchen, oft über vierzig, fünfzig Kilometer zu dem Nest zurückfliegt, ist sein Brust- und Bauchgefieder weit vorgewölbt. In seinem Bauchgefieder schafft das Männchen Wasser für die Jungen herbei. Das nasse dunkle Brust- und Bauchgefieder lockt die Jungen, sobald das Männchen sich dem Nest nähert. Die Jungen laufen unter seinen Bauch, recken ihre Köpfe nach oben und stecken ihre Köpfe tief in eine lange, deutlich zu erkennende spaltenförmige Rinne, die das mit Wasser vollgesogene Gefieder von vorn nach hinten, in der Mitte des Bauches, durchzieht. Die Jungen saugen das Wasser aus dem Bauchgefieder heraus. Wenn man das Volumen eines Speichergefieders des Vogels mit einem Gummischwamm vergleicht, so sind die Flughuhndaunen in der Lage, etwa die doppelte Menge Wasser aufzusaugen.«

Das männliche Flughuhn fliegt voll »aufgetankt« ab, 50 Kilometer oder mehr hat es vor sich. Ich war schon nach 30 Kilometer Wüstenfahrt im Jeep erschöpft. Seine geballte Energie hätte ich in einer Hand halten können.

An wie vielen Wundern laufen wir blind vorbei?

Meine Maschine ist zum Weiterflug nach Lüderitz gelandet. Während wir uns in zwei Bögen auf dreihundert Meter Höhe schrauben – die Dünen unter uns verwandeln das Licht der untergehenden Sonne in ein feierliches Lila –, lese ich das Gedicht über die Nara-Melone:

Du runde Frucht
mit vielen Stacheln.
Du vollbrüstige

Amme der Topnaarkinder.
Sogar in der Ferne
werde ich an Dich denken.
Du Brot meiner Ahnen,
nie werde ich dich vergessen.

12. Diamanten im Sand

Es ist ganz still, trotzdem bewegt sich der Boden des Zimmers. Von der Tür her rieselt er auf mich zu, in auslaufenden Wellen, weil die Ursache, die diese Bewegung hervorgerufen hat, kein Stein ist, sondern der Wind. Vor Jahren hat er die Tür dieses zweistöckigen Hauses mit dem verglasten Wintergarten, der zierlichen Freitreppe und dem überdachten Rundbalkon im ersten Stock geöffnet. Seitdem treibt er in hauchdünnen Schleiern den Sand der Wüste in die Zimmer, über die Treppe in den ersten Stock. Der Sand ist so fein, daß er wie indische Seide auf der Hand liegt. Er zerkratzt nicht den weißen Lack der eleganten Holztüren. Er zerstört nicht gewaltsam, wie die großen Wanderdünen, die ganze Oasen unter sich begraben haben. Hier füllt der Sand das menschliche Gehäuse aus, das vor fast hundert Jahren von reichen Menschen mit allem erdenklichen Luxus in der Wüste gebaut wurde. Die Häuser würden zerfallen, würde der Sand ihr Inneres nicht stützen.

Ich bin in der Geisterstadt Kolmanskuppe bei Lüderitz. Die ehemals blühende Minenstadt erhielt ihren Namen nach dem Nama-Hottentotten Coleman. Er war ein bekannter Ochsenwagenführer, der 1905 hier in den Sanddünen steckenblieb. Er und seine Tiere verdursteten.

Es ist vollkommen ruhig. Nur das feine Singen des Sandes ist in dem leeren Haus. Es klingt, wie wenn Seidenpapier vom Wind bewegt wird. Durch eine zersprungene Fensterscheibe blicke ich zu einem anderen Haus, auf dessen Firmenschild in Sütterlinschrift »Deutsche Bäckerei« steht. Das Bahnhofsschild kann ich nicht sehen, aber die Schienen liegen wie eine Schlange im Sand. Oberhalb des Bahnhofes ist ein kleines Museum, mit viel Liebe zusammengestellt, wird aber nur wenig besucht. Denn nicht nur Kolmanskuppe ist eine tote Stadt, auch der Hafen Lüderitz ist eine sterbende Stadt.

Ich hocke auf dem Sandboden, der bis zum Fenstersims reicht, und blicke hinüber zur Namib. Hier begann das Märchen, das Hans Dominik in seinem Buch »Hans im Glück« beschreibt:

»Der Deutsche Klaus Kröning ritt mit Abraham, dem Klippkaffernboy, nach Westen. Die unendliche Wüste des afrikanischen Feldes nahm die Reiter auf. Mächtige Dünen hemmten ihren Weg. An den Zügeln mußten sie ihre Pferde darüber führen. War der Kamm erreicht, hatten sie weite Ausblicke nach allen Seiten. Rot flammte hinter ihnen der Horizont. Langsam schob sich der Sonnenball über die Kimme und überflutete das Gelände vor ihnen mit einem rosigen Licht. Kurze Minuten noch lag die Luvseite der Düne im Schatten. Jetzt wurde auch sie von der höher kommenden Sonne schräg beleuchtet.

›Da, Baas!‹ Der Kaffer deutete mit der Hand nach vorn. Klaus folgte der Richtung mit den Blicken. Sah und wollte nicht glauben, was seine Augen sahen. Etwa fünfzig Meter vor ihnen auf dem Hang eine Stelle, da glitzerte und flimmerte es, als wäre der Sand dicht mit blitzenden Glasstücken besät.

Sie trabten heran, hielten die Pferde an. Abraham sprang aus dem Sattel, begann eifrig die Steine in den mitgebrachten Beutel zu sammeln. Klaus blickte zu ihm. Die Stelle war nicht groß. Ein kreisförmiger Fleck, etwa zehn Meter im Durchmesser, der aber war wie besät mit Diamanten. Klaus mußte an die Pflaumenbäume in Seehausen denken. Wenn man sie zur Zeit der Reife schüttelte, hatten die Pflaumen auch so dagelegen . . .

Durchsetzt schien hier der Sand mit Edelsteinen zu sein. Der Seewind, der unaufhörlich durch die Wüste strich, trieb die Sandkörner landeinwärts, baute die Wanderdünen aus ihnen auf. Die schweren Diamanten blieben liegen, widerstanden der Kraft des Windes, wurden freigelegt, kamen zutage ... Der Schwarze sah mit unbewaffnetem Auge besser als sein Baas mit dem guten Feldstecher.«

Das Buch vom »Hans im Glück« endet mit dem Satz: »Das Bild seiner Zukunft glaubte er darin zu erblicken. Ein langes arbeitsreiches Leben hier in diesem schönen Lande, das ihm eine zweite Heimat geworden war.«

Die Geschichte der Diamanten begann in Kolmanskuppe. Aber seit der farbige Bahnarbeiter Zacharias Lewala 1908 hier den ersten Diamanten fand, hat sich die CDM – Vereinigte Diamantenminengesellschaft – zu einer wirtschaftlichen Weltmacht entwickelt, die den Preis des wertvollsten Edelsteines diktiert. Er wird von den sozialistischen Staaten des Ostens genauso akzeptiert wie von den kapitalistischen des Westens. Die UdSSR verkauft ihre sibirischen Steine über die südafrikanischen Diamantminen von De Beers, dessen Vorsitzender Sir Harry Oppenheimer ist. Ganz gleich, wie hart die ideologischen Fronten in Simbabwe, Angola, Afghanistan oder in der UNO aufeinanderprallen, die Politik beugt sich den Preisforderungen der größten Produzenten des härtesten Edelsteines; das sind die Republik Südafrika und Südwestafrika-Namibia.

Für junge Menschen müssen diese Realitäten schwer zu verkraften sein.

Ich hocke mich auf das halb zugeschüttete Fenster der großen Kegelhalle. Von neun Kegeln sind sechs umgefallen. Die Kugel liegt fast ganz vom Sand verdeckt am Bahnende. Hier war in den zwanziger Jahren das »große Leben« von Kolmanskuppe. Die Bardamen wurden oft in Diamanten bezahlt, weil keine Zeit zum Einwechseln war. Zur deftigen deutschen Kost – denn vom Generaldirektor bis zum Vorarbeiter waren in der Minengesellschaft alle Deutsche – wurde Kaviar, Sekt und feines Geflügel eingeflogen. Europäische Orchester spielten Klassiker aus Operette und Oper. Das Krankenhaus der Minengesellschaft hatte den besten Röntgenapparat im ganzen südlichen Afrika.

Aber zwei- oder dreimal am Tag mußte der Sand von den Straßen und Wegen weggeschaufelt werden. Der Rasen, die Rosensträucher und die Sonnenblumen wurden vom Sand abgestaubt.

Aber rings um die Goldgräberstadt lauerte die Wüste. Damals wie heute sind ihre gewaltigen Dünen mit dem Atlantik vermählt.

Marianne Coleman, in Südwest geboren, die Eltern arbeiteten in Kolmanskuppe, schreibt: »Wenn deutsche Schiffe in Lüderitz anlegten, unternahmen die Damen eine Reise von 17 Kilometern, um Maiglöckchen und andere typisch deutsche Blumen vom Schiff zu kaufen. Sobald sie wieder zu Hause waren, stellten sie die neuen Topfpflanzen voller Stolz an einen besonderen Platz im Wintergarten . . . Es war schwierig, in der Wüste Haustiere zu halten, aber eine Familie besaß einen Strauß, der einen Schlitten über den Sand ziehen konnte. Nun ist der Strauß kein gelehriges Geschöpf, und dieser wurde zum Schrecken des Ortes. Immerhin benutzte man den Straußenschlitten zur Weihnachtszeit, um den Weihnachtsmann zu holen. Der Schlitten steht heute, zusammen mit einer alten Schusterbank, der Nähmaschine und der alten Mangel im kleinen Museum von Kolmanskuppe.«

Neun kleine deutsche Diamantgesellschaften suchten den glitzernden Gewinn aus dem Sand, als in den zwanziger Jahren Sir Ernest Oppenheimer, die führende Person im

Diamantgeschäft von Kimberley, in das Minengeschäft von Südwestafrika einstieg. Die CDM wurde gegründet. Die Hauptverwaltung saß in Windhoek, aber die Minenzentrale lag und liegt heute noch an der Mündung des Oranje in den Atlantik, 600 Kilometer südlich von Lüderitz.

Die Vorräte um Lüderitz waren bald erschöpft. Die Orte Pomona, Elizabeth Bay, Bogenfels und Lüderitz wurden zu Geisterstädten.

Für menschliches Glück waren es knapp dreißig Jahre, für die Wüste war es nicht einmal ein Atemholen.

Während ich über die asphaltierte Straße nach Lüderitz fahre – hier gibt es Warnschilder vor Wind und Sand –, denke ich über diesen Stein nach, den Plinius bereits im Jahre 100 v. Chr als »den wertvollsten Edelstein, den nur Könige kennen«, beschrieb. Dieser Stein, als Schmuck ein Traum aller Frauen und in der Industrie notwendiges Zubehör, ist weiter nichts als Kohlenstoff. Die Griechen nannten ihn schon »adamantes«, den Unbesiegbaren. Er ist härter als jedes Material, nichts kann ihn ritzen, ausgenommen ein anderer Diamant. Er ist unlöslich in allen Säuren und Alkalien. Chemisch besteht er – wie Graphit – aus Kohlenstoff. Aber der Diamant ist hart, glänzend und durchsichtig, Graphit weich, dunkel und undurchsichtig. Das Geheimnis liegt bei demselben Element in der Art und Weise, in der die Kohlenstoffatome gebunden sind: Im Diamanten stehen sie eng beieinander und werden von starken elektrischen Kräften gehalten, im Graphit ist das Gegenteil der Fall. Die Farben der Diamanten sind weiß, gelb, braun, aber auch grün, rot, blau und violett. Nur gute 20 Prozent aller gefundenen Diamanten sind weiß oder blauweiß und von so guter Qualität, daß sie zu Brillanten geschliffen werden können. Die anderen 80 Prozent dienen industriellen Zwecken.

Die ersten Diamanten kamen fünfhundert Jahre vor Christus aus Indien. Das Gewicht dieser »Sonnensteine in den Fußspuren Buddhas« wurde nach Karat – meist Carat geschrieben – berechnet. Diamanten und Gold wurden mit dem Gewicht des getrockneten Samens des Johannisbrotbaumes gewogen. Ein Karat sind 0,2 Gramm. Der größte bisher gefundene Diamant ist der »Cullinan« aus Südafrika, er wiegt 3025 Karat = 605,0 Gramm. Der geheimnisvoll klingende Name »Cullinan« ist der Familienname des Chefs der »Großen Grube« östlich von Pretoria. Die Regierung von Transvaal kaufte ihn 1905 für umgerechnet 1,5 Millionen DM, um ihn König Edward VII. von Großbritannien zu schenken. Der Diamant wurde in neun große und sechsundneunzig kleine Stücke gespalten. In das britische Königszepter wurde das größte Stück, der »Stern von Südafrika«, eingesetzt. Man kann ihn im Tower von London besichtigen.

Als die indischen Minen erschöpft waren, dauerte es Hunderte von Jahren, bis 1725 in Brasilien Diamanten gefunden wurden. Die berühmtesten Steine kamen aus Indien, der Kohinoor, der Großmogul und der Orloff. Diese Steine hatten Schicksale, die mit Mord, Intrigen, Liebe und Haß verbunden waren. Die neuen Diamanten aus Brasilien wurden abgelehnt, man wollte sich mit Steinen aus den sagenumwobenen indischen Minen schmücken. Um den Traum des Menschen zu befriedigen, wurden die brasilianischen Steine am Anfang nach Golconda in Indien geschickt und von dort nach Europa verkauft.

Obwohl heute Brasilien noch ein wichtiger Diamantlieferant ist, wurde seine Stellung 1866 durch die ersten Funde in Südafrika am Oranjefluß erschüttert. Im Flußkies, dem sogenannten Kimberlit, glitzerte das, was Könige und Mätressen, Geldadel und leichte Damen, solide Bürger und Spekulanten als Genuß und als Wertanlage betrachten.

1908 gab es die ersten Diamantenfunde in der deutschen Kolonie Südwestafrika.

Zwei Weltkriege, Afrika, das sich seit 1960 frei von Europa machte, Rußland, das seine Grenzen bis an die Elbe vorgeschoben hatte, nichts hat den wertsteigernden Siegeszug der Diamanten aufhalten können.

Es war ein Deutscher, 1880 im hessischen Friedberg geboren, der zuerst die Aktien der Diamantminen in der Südafrikanischen Union und dann in Südwest aufkaufte: Ernest Oppenheimer. Heute ist sein Sohn, Sir Harry Oppenheimer, der globale Chef des Diamantenverkaufes. Ob die UdSSR, USA, Brasilien oder Afrika Diamanten verkaufen wollen, sie richten sich nach den Preisen, die Sir Ernest bestimmt.

Rußland schickt Militärs zur Ausbildung schwarzer Truppen nach Angola, Mozambik und Sambia, die später den Angriff auf das weiße, kapitalistische Südafrika führen sollen. Aber die hochwertigen blauweißen Diamanten aus Sibirien kommen über den monopolkapitalistischen De-Beers-Konzern von Oppenheimer auf den Weltmarkt.

In Südwestafrika-Namibia ist heute der ungewöhnlichste großangelegte Diamantenbergbau der Welt entstanden. In einem Sperrgebiet zwischen Lüderitz und Oranjemund von 200 mal 100 Kilometern erstreckt sich der Bergbau von der Wüste bis auf den Meeresgrund. Die Diamantenküste ist durch Zäune, Patrouillenflugzeuge und Wachtposten hermetisch abgeschlossen.

Was Lüderitz einst reich gemacht hat, Diamanten, daran stirbt heute die älteste deutsche Stadt von Südwest. Alles Hinterland von Lüderitz gehört zur Diamantmine. Die Naturschönheiten wie der Bogenfels, die Elizabeth Bay oder die Albatros-Insel sind Sperrgebiet. Die Minenarbeiter bringen ihr Geld nicht mehr wie am Anfang des Jahrhun-

An der Küste wird der Atlantik durch hohe Sanddeiche zurückgedrängt. In den trockengelegten Gebieten werden – oft zwanzig Meter unter dem mittleren Wasserstand – Diamanten gewonnen. Das Verhältnis der Abraummenge zur Menge der gefundenen Diamanten beträgt heute etwa 200 Millionen zu eins.

(Bild: Diamantenmine von Oranjemund)

derts nach Lüderitz. Die über 5000 Ovambo- und Kavangoarbeiter leben in dem streng bewachten, mit Schulen, Sportplätzen und Freizeitzentren ausgebauten Oranjemund, das am nördlichen Flußufer des Oranje, gegenüber der Grenze zur Republik Südafrika, entstanden ist.

Ursprünglich kamen die Ovambos aus ihrem 1600 Kilometer entfernten Heimatland zu den deutschen Minengesellschaften bei Lüderitz. Die alten guten Beziehungen wurden von der CDM (Consolidated Diamonds Mines) übernommen. Die Arbeitskontrakte erstrecken sich auf acht Monate, können nach dem Heimaturlaub aber verlängert werden.

Das Diamantgebiet in der Namib ist wohl der größte Bergbau in Privathand und gleichzeitig ein geologisches Abenteuer. Geologen, die nicht nur Fachleute, sondern gleichzeitig Entdecker waren, glaubten, daß der Oranje aus Lesotho seine kostbare Last an seiner Mündung zwischen Millionen Jahre alten Klippen abgelagert hat. Im Kampf mit den Wellen, dem steigenden und fallenden Meeresspiegel wurden die Schätze immer tiefer in die Küstenterrassen eingegraben.

Die von der CDM betriebene Abbaumethode besteht darin, die 12 bis 18 Meter hohen Sandschichten zu entfernen, um an die alten Meeresschotter, wo die Diamanten liegen, heranzukommen. Das klingt einfach, ist aber das größte, ununterbrochen arbeitende Erdbewegungsunternehmen der Welt. Über 50 Millionen Tonnen Abraum werden von 300 Erdräummaschinen pro Jahr bewegt. Im Durchschnitt müssen zehn Tonnen Gestein verarbeitet werden, um 2,5 Karat Diamanten zu gewinnen, was einem halben Gramm entspricht. Die letzte Arbeit bei der Diamantensuche muß heute wie früher der Mensch mit der Hand machen. Über die riesigen freigebaggerten Gebiete laufen gebückt die Minenarbeiter und säubern mit feinen Besen oder der Hand die Felsenrisse, in denen die Edelsteine liegen. Die Tagesausbeute in Südwest liegt bei ungefähr 5000 Karat. Der Jahresumsatz soll 2 Milliarden DM übersteigen.

Aber wie bei der Suche nach Erdöl holt die CDM auch Diamanten aus dem Meer. Unter hohen Kosten wurden bis vor wenigen Jahren Schwimmbagger, die durch Helikopter versorgt wurden, eingesetzt. Die drei Schiffe hießen »Colpontoon«, »Diamantkus« und »Pamona«. Der diamanthaltige Kies wurde durch Arbeiter auf dem Schiff von Hand sortiert. Doch der Kostenaufwand entsprach nicht dem Gewinn. Heute arbeitet nur noch ein Forschungsschiff an der Küste vor Südwest.

Der Bergbau hat sich jetzt in die Küstenlinie zwischen Hoch- und Niedrigwasser vorgefressen. Mit Millionen Tonnen Sand aus der Namib wird der Atlantik um gut 200 Meter zurückgedrängt. Die Küstenlinie wird ins Meer geschoben. 10 Meter hohe und 15 Meter breite Sanddeiche halten den Atlantik ab und teilen das Gelände in Koppeln von gut 100 Metern. Pumpen halten das neue Gelände trocken. Dann beginnt der Abbau des Meeresboden. Meist liegt die fündige Schicht 20 Meter unter dem mittleren Wasserstand. Maschinen und die Arbeit von Monaten werden vernichtet, wenn der ungebärdige Atlantik in einem einzigen Anlauf die Deiche überspringt und mit einer Wasserflut von 25 Meter Höhe bedeckt.

Das diamantträchtige Gestein wird in den Aufbereitungsanlagen der verschiedenen Fundstellen vorsortiert. In der zentralen Gewinnungsanlage wird das diamanthaltige vom tauben Gestein getrennt. Diamanten fluoreszieren in Röntgenstrahlen, deshalb auch Röntgenstrahlen als Kontrolle der Arbeiter. Diese letzte Sortieranlage steht fünf Kilometer vor Oranjemund. Hier glitzern und funkeln täglich 5000 Karat, die nach Jahrmillionen der Dunkelheit der Erde entrissen wurden. Die Diamantenküste ist wohl die größte Schatzkammer unserer Erde.

1955 gelang es den Menschen, den Traum vom künstlichen Diamanten zu verwirklichen. In den USA hatte die General Electric Company synthetische Diamanten hergestellt, die allen Härtetests standhielten. Die Produktion arbeitet für die Industrie. Ein künstlicher Diamant von bester Qualität ist meist teurer als ein »echter«, langsam gewachsener Stein.

Das Leuchten der Diamanten erinnert an das kalte funkelnde Licht der Sterne über der Wüste. Die feuchtigkeitsarme, völlig dunstfreie Luft gibt dem Sternenlicht den Glanz von Eiskristallen.

Welches Glück schenken die Diamanten den Menschen? Das Hochzeitsgeschenk für Farah Diba war eine Diamantkrone, die als Mittelpunkt den sechzigkarätigen »Noor-ul-Ain« hatte. Das Brautkleid war mit 4000 Brillanten und rosa Perlen besetzt. Der passende Hintergrund für den strahlenden »Noor-ul-Ain«.

Nicht einmal zwei Jahrzehnte hielten Glanz und Macht.

13. Der Schmuck der Negerin

Ich muß mich beeilen, denn um 14 Uhr soll ich für das Mittagsmagazin des Westdeutschen Rundfunks einen Live-Bericht über meine letzten Eindrücke dieser Reise durchgeben. Der Durchgabeort ist die größte, weil einzige Tankstelle von Lüderitz. Köln ruft an, ich spreche, alles ganz einfach, wenn es nur nicht so schwer wäre, in einem Zehn-Minuten-Gespräch gegen die vielen falschen und oftmals politisch entstellten Berichte über Südwestafrika-Namibia anzukämpfen! Dazu kommt die große Unwissenheit – welches Schulbuch berichtet schon über dieses Land? –, die aber niemanden daran hindert, Urteile zu fällen.

Als ich fertig bin, wartet Frau von Goldfuß schon auf mich. Sie will mich zum Museum führen, das auf Wunsch geöffnet wird. Es gibt viel zu wenig Gäste, um diese kleine Kostbarkeit zu festen Zeiten offenzuhalten.

Dreimal in der Woche landet eine Maschine der südafrikanischen Luftlinie, der SAA, in Lüderitz. Die Zeitungen sind dann zwar drei Tage alt, aber was macht das schon aus, wenn man zwischen zwei Ewigkeiten lebt: der Wüste und dem Meer. Das Licht über Lüderitz hat eine Intensität, die ich kaum an einer anderen Stelle der Welt getroffen habe. In der trockenen Luft – es gibt keine Nebel wie bei Swakopmund – flirren Millionen von Sonnenkringeln auf den kalten Wassern des Atlantik. Sie werfen ihr Glitzern über die hohen Dünen der Namib, die mit ihren wellenförmigen Sandmassen wie eine gelbe Fortsetzung des Meeres wirken.

»Wieviel Einwohner hat Lüderitz?« frage ich Frau von Goldfuß.

»Genau kann Ihnen das wohl keiner sagen, denn es

vergeht eigentlich keine Woche, daß nicht einer von uns nach Windhoek, Swakopmund oder Südafrika zieht. Vor zehn Jahren hatte Lüderitz knapp 7000 Einwohner, davon waren 1800 Weiße, über 5000 Farbige und Schwarze. Heute sind wir Weißen vielleicht zusammengerechnet nicht einmal 500. Nachdem auch die deutsche Schule geschlossen wurde, haben viele Deutsche Arbeit im Norden des Landes gesucht, wo ihre Kinder Internatsschulen besuchen. Ich hole zu den Ferien solche Internatskinder, deren Eltern noch hier sind, aus Windhoek ab. Die 700 Kilometer schaffe ich mit meinem VW-Bus und der unruhigen Fracht in einem Tag. Die Straße ist allerdings nicht mit deutschen Autobahnen zu vergleichen.

Lüderitz ist eine Stadt der alten Frauen geworden. Auch in der schwarzen und braunen Vorstadt leben fast nur Frauen und Kinder. Die meisten Männer arbeiten in der Fischindustrie in Walvis-Bay, aber dort sind von elf Fabriken auch nur noch zwei tätig. Lüderitz hatte sich gut von dem Schock erholt, als in den dreißiger Jahren die Diamantfunde in unserem Distrikt ausgebeutet waren und die Diamantgräberstadt Oranjemund entstand. Wir hatten einen gegen alle Atlantikstürme geschützten Hafen mit einem guten Tiefgang und einer eigenen Fangflotte. Unsere Spezialität waren und sind auch noch die begehrten Langusten. Die Hummerschwänze erzielen in den Vereinigten Staaten einen hohen Preis. Auch in Japan ist ›crawfish‹ aus Südwest hoch geschätzt.

Sie werden in Lüderitz selbst keinen frischen Hummer kaufen können, es sei denn, Sie fangen ihn eigenhändig. Aber dann sind auch nur fünf Stück pro Tag genehmigt. Alle anderen Tiere werden exportiert.

Trotzdem ist der Langustenfang stark zurückgegangen. Genau wie vor Walvis-Bay ist auch hier das Meer überfischt.

Keiner von uns kann etwas dagegen tun, wenn russische Fangschiffe mit Elektroschock arbeiten. Von unseren sechs Hummerverarbeitungsfabriken arbeiten noch zwei, und das auch nur in der Saison.«

Eigentlich klingt die Stimme meiner Begleiterin nicht verbittert, eher müde und desinteressiert an der ganzen übrigen Welt. Im krassen Gegensatz zu unserem Gespräch sind die Sonne und der frische Wind über der breiten menschenleeren Straße, an der rechts und links mit großen Abständen Häuser im deutschen Jugendstil stehen.

Der Bahnhof und die »Reichsapotheke« erinnern an herrschaftliche Villen aus der Zeit der Jahrhundertwende. An der Bismarckstraße stehen Häuser im Lüderitzer deutschen Kolonialstil: weißgekalkte Wände mit Fachwerk, große unterteilte Fenster, vorspringende verglaste Balkone, darüber geschwungene, vor- und zurückspringende rote Dächer. Den schönsten Garten hat die Drostei, der ehemalige Sitz des deutschen Landrats. Da die ganze Stadt auf einem aus dem Meer aufsteigenden Felsenhügel gebaut ist, gibt es im Stadtbild keine geraden Linien. Alle Häuser liegen auf verschiedenen Ebenen. Oft entdeckt man erst beim zweiten Blick, daß die Häuser leerstehen. Zuerst und schnell stirbt der Garten, denn Wasser ist für Lüderitz so wertvoll wie Diamanten.

Lüderitz hat eine fast fünfhundertjährige Geschichte, die von den Weißen geschrieben wurde. In dieser ganzen Zeit blieb es eine Stadt ohne Wasser. Der Kampf um Trinkwasser ist abenteuerlich wie ein Roman.

1486 erreichte der Portugiese Bartolomëu Diaz die Bucht von Lüderitz. Er war mit drei Schiffen auf dem Weg nach Indien. Er taufte die windgeschützte Bucht »Angra Pequena«. Mit den beiden Schiffen »St. Christopher« und »St. Pantaleão« segelte Diaz weiter die afrikanische Küste entlang. Er ließ sein Vorratsschiff in dem natürlichen Hafen vor Anker gehen. Die Mannschaft sollte auf seine Rückkehr warten. Keiner wußte, daß es im Umkreis von 100 Kilometern keinerlei Trinkwasser gab. Als Diaz im Juli 1488 zurückkehrte, war die gesamte Mannschaft verdurstet.

Dreihundert Jahre später annektierte Großbritamnien »Angra Pequena«. Trinkwasser kam jetzt in Schiffen von Kapstadt.

1883 erwarb der Bremer Kaufmann Adolf Lüderitz einen schmalen Streifen Wüste rings um die Bucht. Er kaufte das Land von dem Hottentotten-Kapitän Josef Fredericks von Bethanien. Seine Hoffnung und sein kaufmännischer Sinn sagten ihm, daß im Hinterland Märkte für die verschiedensten Waren sein müßten, zum Ankaufen wie zum Verkaufen. Die Engländer versuchten Lüderitz zum Verlassen der Bucht zu zwingen. Mit einem Kriegsschiff stoppten sie das lebensnotwendige Wasserschiff aus Kapstadt, damit die Deutschen nicht mit Wasser beliefert wurden. Aber Lüderitz hatte inzwischen das Deutsche Reich um Hilfe gebeten Unter dem Schutz von zwei deutschen Kriegsschiffen wurde am 7. August 1884 die deutsche Fahne über »Angra Pequena« gehißt. Der Ort mit den wenigen Häusern wurde in Lüderitz umgetauft. Ganz langsam, immer im Würgegriff des fehlenden Wassers, entwickelte sich der kleine Hafen.

Ende Oktober 1886 unternahm Lüderitz eine Erkundungsfahrt auf dem Oranje. Er kehrte nicht zurück. Sein Tod bleibt ein Geheimnis der Wüste.

Einmal nahm die Weltgeschichte von ihm Notiz, als 1904 die Kaiserlich-Russische Flotte die Sturmvogelbucht unterhalb der Diazspitze anlief. Die berühmte »Rozdjéstwenskaja Eskádra« fuhr um die halbe Welt, um 1905 von den Japanern in der Seeschlacht von Tsuschima geschlagen zu werden. Vom 11. bis zum 17. Dezember lagen dic Schiffe vor Lüderitz. Trotz heftiger Dünung bunkerten die fünfzehn Kriegsschiffe von zehn Transportschiffen Kohle. Es kam zu kurzen Gegenbesuchen der Admiralität mit dem Stationschef von Lüderitz. Im dichten Nebel verließen die russischen Schiffe am 17. Dezember morgens die Sturmvogelbucht. Es war eine Fahrt ohne Wiederkehr. Schiffe und Mannschaften blieben auf dem Meeresgrund der Straße von Tsuschima zwischen Korea und Japan.

Die Lüderitzer haben dem Besuch wenig Aufmerksamkeit gewidmet, denn Südwest befand sich mitten im Herero- und Nama-Krieg. Die Stadt war Etappenort und Einfuhrhafen für den südlichen Kriegsschauplatz. Auf der Haifischinsel war ein Teil der gefangenen Herero untergebracht.

Aber 1908 kam der Reichtum! Die ersten Diamanten wurden gefunden. Das kostbare Wasser kam jetzt mit der Eisenbahn von Keetmanshoop. Das aus Meerwasser destillierte Trinkwasser, damit hatte man schon 1897 begonnen, erreichte Rekordpreise bis zu 40 Mark pro Kubikmeter!

Heute kommt das Wasser aus einem Bohrloch 130 Kilometer westlich von Lüderitz. Keiner weiß, wie lange es fließen wird. Wird es die sterbende Stadt noch brauchen? Oder wird eine neue Fundstätte von Gold, Erdöl, Uran die Geschichte der Stadt so verwandeln wie damals der erste Diamant?

Wir stehen vor dem Museum. Über der Tür hängt das Wappen von Lüderitz. Blau auf weißem Grund: neben dem Diazkreuz eine Languste, darüber ein Diamant, rechts und links flankiert von einem Brillenpinguin und einem Tölpel, die in kleineren Kolonien vor der Küste leben.

Mit viel Liebe für die Natur und die Vergangenheit der Heimat ist hier die Geschichte von Lüderitz zusammengetragen. Aber weder die alten ehrwürdigen Fahnen noch die ersten Fotos der Diamantensuche haben mich so fasziniert wie das Skelett in einer Glasvitrine.

Das Skelett einer sehr großen weiblichen Gestalt, mit langen Oberschenkelknochen und einer gewölbten Wirbelsäule ruht in Hockstellung. Oberhalb der ausgestreckten Hände liegt eine Kaurimuschel. Darunter steht: Skelett einer jungen Negerin, gefunden in einem Grab in der Nähe der großen Lagune. Vermutlich eine der Frauen, die Bartolomëu hier an Land gesetzt hat. Die beiliegende Kaurimuschel spricht für diese Theorie. Es ist eine echte Kauri aus dem Golf von Guinea (Begutachtung des Hamburger Zoologischen Museums).

Die Kaurischnecke war seit dem 14. Jahrhundert ein Zahlungsmittel im östlichen und westlichen Zentralafrika, gleichzeitig ein begehrter Schmuck und ein Fruchtbarkeitssymbol. Die Frauen der Himba im Kaokoveld tragen die große glänzende Porzellanschnecke zwischen den nackten Brüsten. Das Schmuckstück wird durch Tauschhandel aus Angola erworben. In frühgeschichtlicher Zeit kam die Kauri bis nach Europa. Man findet sie häufig in alemannischen Frauengräbern auf den Schoß der Toten gelegt. Als Zeichen der Fruchtbarkeit über das Grab hinaus.

Wer war dieses junge Mädchen? War sie eine Prinzessin? Das Geschenk eines Häuptlings aus dem Kongo an den weißen Mann? Wurde sie gegen Glasperlen und Waffen eingetauscht? Warum wurde sie hier an Land zurückgelassen? War sie krank? Oder verließ sie das Versorgungsschiff, als die Weißen langsam verdursteten? Was haben die kleinwüchsigen, hellhäutigeren Hottentotten und Buschmänner gedacht, als sie die erste große Schwarze sahen? Wurde sie von ihnen aufgenommen oder abgewiesen?

Bartolomëu Diaz hatte an den portugiesischen Königshof junge Schwarze als Geschenke mitgebracht. Sie waren begehrte Exoten und wurden vorgeführt wie seltene Tiere. Ein kleiner Mohr als Bedienung gehörte auch noch zu den galanten Schmuckstücken an französischen Fürstenhöfen.

Ich kann mich von dem, was von der jungen Negerin übrigblieb, kaum losreißen. Sie regt meine Gedanken viel mehr an als abgefaßte Schriftstücke. Sie muß sehr schön gewesen sein. Vielleicht war es auch eine Begegnung zwischen dem fremden weißen Entdecker und dem schwarzen Afrika, wo sich Mann und Frau angezogen und doch durch Welten getrennt gegenüberstanden?

Ich weiß, daß Frau von Goldfuß über meine Gedanken lächeln würde. Doch glaube ich, daß nie verwirklichte Träume oft näher zu den wirklichen Dingen führen als reines Schulwissen.

Wir fahren noch die 16 Kilometer zum Diazkreuz. Die breite Sandstraße führt um die Radford-Bay zur zweiten Lagune. Wir machen einen Abstecher zur Kartoffelbucht. Die schrägstehende Abendsonne verwandelt das Wasser in funkelndes Quecksilber und die Dünen auf der anderen Seite der Bucht in flamingofarbene Hügel.

Neben der Straße verläuft die Grenze zum Diamanten-Sperrgebiet. In Abständen stehen die großen Schilder »Warning! Waarskuwing! Warnung! Elondwelo!« Die Wüste braucht keine Zäune, ihre menschenfeindliche, erschrekkende Leere und die gefährliche Atlantikküste sind die besten Wächter der Diamanten.

Um die Sturmvogelbucht herum fahren wir zum Leuchtturm und steigen zum Diazkreuz hoch, das auf einer weit vorspringenden Felskuppe steht. Es ist eine Nachbildung des alten Kreuzes. Sein wuchtiger Schatten weist wie ein riesiger Finger nach Osten. Dreißig Meter unter uns gischtet der Atlantik. Es ist noch die gleiche Einsamkeit wie 1486! Die Portugiesen müssen damals von der gleichen Leidenschaft erfaßt gewesen sein wie knapp 500 Jahre später, als die ersten Amerikaner zum Mond flogen.

14. Gehen oder bleiben?

Die Lokomotive pfeift noch immer. Ihr Signal hallt weithin, bevor der Zug in den Bahnhof von Windhoek einläuft. Die Station liegt 1656 Meter hoch. Die dünne Luft gibt das durchdringende Signal ungedämpft weiter. Vor dem Bahnhof steht die Lok 154 A, ein Veteran aus dem Jahre 1903. Wenn man in den weichen Daunenbetten des Hotels Fürstenhof die zarte Rosentapete im Morgenlicht betrachtet – die Rosen wiederholen sich auf den Zahnputzgläsern und den Toilettenutensilien –, dann wirkt das Pfeifen der Lokomotive des Morgenzuges wie ein unmittelbarer Peitschenknall aus nächster Nähe. Aber ich falle jedes Mal lächelnd ins Bett zurück, wenn ich daran denke, daß Anfang unseres Jahrhunderts dieses Eisenbahn-Wunder das große, weite Land erschlossen hat.

Man muß es gesehen und erlebt haben, wie leicht verletzlich und klein ein einzelner Schienenstrang – die meisten Linien sind eingleisig – auf den 400 Kilometern Steppe und Wüste zwischen Windhoek und Swakopmund wirkt, um die Lebensnotwendigkeit dieses »eisernen Wurmes« zu verstehen. Der Transport der Rinder – an der ersten Tiefgefrierfabrik wird noch gebaut – geht über tausend Kilometer Schiene in die Republik Südafrika. Das Überleben von Menschen und Tieren hing von der Eisenbahn ab. Heute haben Hubschraubernoteinsätze und die Autos auf einem gut ausgebauten Straßennetz die Machtstellung der Eisenbahn verkleinert. Aber ohne die Eisenbahnverbindungen der deutschen Kolonialverwaltung würde das jetzige Namibia anders aussehen.

Das Hotel Fürstenhof könnte in Bonn, Konstanz oder

Weimar stehen. Es geht nicht nur um die deutsche Küche, sondern um die ganze Atmosphäre. Sülze mit Bratkartoffeln, Kohlrouladen zu Klößen werden auf Meißner Porzellan serviert. In der Diele liegt der Dackel, und die Blumen in den Tischvasen werden jeden Tag neu dekoriert. Vielleicht sind die Badezimmer etwas klein, die Flure winklig, aber man ist daheim.

Wann wird sich das deutsche Gesicht von Windhoek ändern? Wem wird es nützen?

Die Firma »Wecke & Voigts« in der Kaiserstraße wird 1982 ihr 90jähriges Jubiläum feiern.

Hertha Holtz – welcher Journalist oder Schriftsteller kennt sie nicht! – inseriert für ihre Agentur in der Kaiserstraße:

Für Vermittlung jeder Art
steh ich jederzeit parat.
Ob's 'ne Farm ist oder Haus,
sucht Euch nur das Beste aus!
Seit vielen Jahren im Dienst
ihrer Kunden
Hertha Holtz

In den deutschsprachigen Zeitungen erscheint das Inserat »Kandler's Schlachterei, bekannt für gute Fleisch- und Wurstwaren. Inhaber Fülle, Kaiserstraße 101«.

Zur siebzigjährigen Festwoche der Deutschen Höheren Privatschule von Windhoek ist in der Aula die Premiere von Anouilhs »Die Lerche«. Die ehemaligen kaiserlichen Realschüler treffen sich zum Kaffee im Sitzungszimmer, danach gibt es für ehemalige Schüler im Foyer der Schule den »Sundowner«, das ist der erste Drink nach Sonnenuntergang. Erfahrene Bewohner äquatorialer Breiten helfen dem Sonnenuntergang durch Zuziehen der Vorhänge nach!

Wer glaubt, daß Südwestafrika von den Weißen fluchtartig verlassen wird, der irrt sich.

Die Republik Südafrika hatte 1981 mehr Einwanderer als je zuvor aus Großbritannien. Im Monat Juli haben 20 000 Engländer ihre Heimat verlassen. Die westeuropäische Sicherheit war ihnen weniger wert als das schwarz-weiße Risiko im südlichen Afrika. Ich habe nördlich von Windhoek einen deutschen Industriellen aus Duisburg besucht. Er hat seine Fabrik verkauft und die Million in Farmgelände in Südwest angelegt. Er beschäftigt nicht mehr 900 Deutsche und Gastarbeiter am Rhein, er hat für seine zwanzig schwarzen Familien Wasserlöcher gebohrt, für die Kinder eine Schule eingerichtet und Simmentaler Rinder eingeführt. Der Mittelpunkt des flachen Farmhauses ist die Bibliothek mit Tausenden von Büchern. »Die habe ich aus Deutschland mitgenommen, das andere ist von uns einheimische Handarbeit. Ob sich mein Vermögen vermehrt, frage ich hier nicht mehr, aber mein Geld hat hier seinen Sinn bekommen.« Das war seine Antwort auf meine Frage nach der Zukunft.

So findet man in der »Allgemeinen Zeitung« folgendes Inserat: »Zu mieten gesucht ein luxuriöses Haus für eine Überseefirma zu irgendeiner Miete für ein Jahr. Muß vier Schlafzimmer haben, zwei Badezimmer, Schwimmbad, angelegten Garten. Manfred Bloch & Company, Tel. 2 76 58.«

Aber in der gleichen Zeitung ist eine halbseitige Anzeige: »Terrorismus! Lassen Sie sich nicht unangenehm überraschen. Zum ersten Mal können Sie jetzt eine Vollkaskoversicherung gegen die Folgen von Terrorismus und politischer Unruhe . . . bei SANTAM abschließen. Nur SANTAM bietet Ihnen, wieder einmal als erster, vollen Versicherungsschutz für alle Ihre Vermögenswerte.«

Gegen den Tod kann man sich nicht versichern.

Der Terrorismus hat schon 300 Kilometer südlich von Windhoek in Gibeon zugeschlagen. In jener alten Missionssiedlung zwischen Mariental und Keetmamsshoop, in die der geschlagene Hendrik Witbooi 1894 zurückkehrte, hat die SWAPO heute eine kleine, aber gut organisierte Zelle. Um die Jahrhundertwende begrüßte die Schuljugend in der kleinen Gemeinde am Fischfluß die Missionare mit dem Lied »Nun danket alle Gott«. Heute kennen einige den Text der Internationale »Wacht auf, Verdammte dieser Erde . . .«.

Weiße und Schwarze trugen den von Terroristen ermordeten Karl Buchholz zu Grabe. Seine Familie lebte seit drei Generationen in Südwest. Der 34jährige deutsche Farmer Bernd Hennies wurde im Norden in der Nähe seiner Farm ermordet. Trotzdem merkt man als Gast in Südwest davon genauso wenig wie als Tourist in Italien, wo Geiselnahmen und Morde wöchentlich von den meisten europäischen Zeitungen gemeldet werden.

Wären die Mörder nicht schwarz und die Opfer weiß – von den schwarzen Opfern schreibt sowieso niemand –, die Weltpresse hätte kein Interesse an den Auseinandersetzungen. Professor Heinz-Dietrich Ortlieb schreibt in seinem Buch »Was wird aus Afrika?«: »Die Unruhen, die sich kürzlich in Soweto ereigneten, haben gezeigt, wie wenig die westliche Welt in der Lage ist, Vorgänge in Südafrika vorurteilslos zu kommentieren. Sicherlich hätte man verhindern sollen, daß eine so undurchsichtige und ungenügend kontrollierte Satellitenstadt wie Soweto, die auch unter der schwarzen Bevölkerung als Anziehungspunkt für vor allem jugendliche Gangster bekannt ist, überhaupt entstehen konnte. Allerdings gibt es in vielen Industrie- und Entwicklungsländern ähnliche lokale Gebilde, die mit weit weniger Hygiene und Komfort als Soweto ausgestattet sind. Wenn es aber in anderen Ländern zu Mord und Totschlag kommt, nimmt kaum jemand in der Welt davon Notiz, entweder weil das betreffende Land nicht wie Südafrika eine freie Presse besitzt oder weil ihm nicht die gleiche diffamierende Aufmerksamkeit wie Südafrika zuteil wird.«

Die Sätze des SPD-Professors Ortlieb gelten auch für Südwestafrika-Namibia.

Ich lege die »Allgemeine Zeitung« weg. Mein Frühstück ist beendet. Die Geräusche der rangierenden Züge dringen nur noch leise in mein Zimmer, denn der Wind hat gedreht. Ich treffe mich in wenigen Minuten im Garten des »Fürstenhofes« mit einer Frau, die mich schon lange interessiert, weil ich ihr Buch gelesen habe, das sie selbst herausgab: Marga Vaatz »Von Dir, mir und den anderen in Südwestafrika«.

Das Ehepaar Vaatz besitzt die Farm Duesternbrook nördlich von Windhoek. Marga Vaatz hat Kindheit, Jugend, den Zweiten Weltkrieg in Südwest erlebt. Ich will sie fragen, was sie als weiße Farmerin für Zukunftserwartungen hat. In ihrem Buch schreibt sie im Kapitel »Schwarze Perlen«: »Meine schwarzen Perlen trage ich weder am Ohr noch um den Hals. Meine schwarzen Perlen heißen Anna, Erika und Festus, und sie zieren meinen Haushalt und nehmen mir alle unangenehmen Arbeiten ab, die jeden Tag getan werden müssen: Ausfegen, Staubwischem, Kartoffeln schälen, Gemüse putzen, Waschen und Plätten. Da wir eine große Eingeborenensiedlung auf der Farm haben, bin ich um willige Hände zum Helfen nie verlegen. Was macht eine Farmersfrau den ganzen Tag? In dieser Frage liegt eine derartige Verführung zur Lüge, daß man ihr in den seltensten Fällen widerstehen kann. Wie sehr man auch seiner Phantasie die Zügel schießen läßt, an dem Ritt in die Traumwelt einer Farmersfrau wird bereitwilligst teilgenommen und alles, einfach alles geglaubt.

Ja, ich liege meistens den ganzen Tag auf der Couch im

Schatten der Veranda, während mir ein kleiner schwarzer Pikkanin mit einem breiten Palmblatt Kühlung zufächelt. Die Nächte schläft man ja meistens ziemlich unruhig, weil man bei dem leisesten Geräusch mit dem Besuch einer gefährlichen Giftschlange oder eines Skorpions rechnen muß (ich lebe seit 44 Jahren in Südwestafrika und habe von 16 000 Nächten nur einmal eine Kobra im Schlafzimmer gehabt). Aber weiter im Lügentext. Nachmittags, wenn die größte Hitze vorbei ist, lasse ich mir meinen Vollblutrappen vorführen, schwinge mich in den Sattel und reite in die wilden Berge, um Leoparden, Elefanten oder Büffel zu schießen. An dieser Stelle kann ein Südwester seinen Lachreiz kaum noch zügeln, aber aus den Gesichtern meiner europäischen Zuhörer strahlt uneingeschränkter Glauben.

Ach, die Wirklichkeit ist so viel nüchterner! Auch hier wird Kuchen und Brot mit Mehl gebacken, nur tun wir das selbst und holen es nicht vom Bäcker, der im Durchschnitt mindestens fünfzig Kilometer entfernt ist. Auch hier werden Kartoffeln in Wasser gekocht, auch hier müssen Knöpfe angenäht, Bettwäsche geflickt und Kinder geboren werden. Die Kinderkleidung wird wohl von den meisten Farmersfrauen selbst genäht, Pullover und Jacken für die ganze Familie gestrickt. Der Garten und die Hühnerzucht stehen unter der Aufsicht der Frau.

Aber nun zu meinen schwarzen Perlen. Anna, eine Damarafrau, ist seit Jahrzehnten das Faktotum unserer Familie. Sie paßte auf mich auf, als ich die ersten Gehversuche machte. Meiner ollen Anna kann ich hundertprozentig vertrauen. Natürlich klaut sie mir Butter, Zucker, Eier, Mehl, auch mal ein Handtuch oder ein Laken, aber das ist ihr gutes Recht, solange es in Maßen geschieht. Denn sie paßt auf, daß nicht auch die anderen lange Finger machen.

Festus ist ein Ovambo. Ein Mann von Grundsätzen.

Befehle läßt er sich nur von mir geben. Meinen Mann läßt er notfalls als Ersatz gelten. Anna ignoriert er, und unser weißer Verwalter oder dessen Frau sind für ihn Luft. Sie könnten sich heiser schreien, er würde mit einem ganz kleinen hochmütigen Lächeln »nicht verstehen« und erst recht keine angewiesene Arbeit ausführen.

Meine Waschfrau heißt Erika. Sie ist gut einen Meter neunzig groß, von schlankem, königlichem Wuchs und wirkt durch das hohe, sehr sorgfältig gebundene Kopftuch noch majestätischer. Ich habe Erika niemals laufen sehen, sie schreitet. Erika hat Sinn für Wohnkultur. Es ist wohl die ›Milch in ihrem Kaffee‹ (ein Schuß europäisches Blut in ihren Vorfahren), das dafür verantwortlich zeichnet.«

Mit viel Humor, der alle Bitterkeit und Vorurteile überwunden hat, schildert Marga Vaatz dann den Besuch eines anderen, weit entfernt wohnenden Farmers:

»Welch ein Fest aber ist es, wenn ein anderer Farmer sich mal die Zeit nimmt und zu Besuch kommt. Da werden die kilometerlangen Einzäunungen begutachtet und geprüft, ob Eisendropper, selbstgeschlagene oder gekaufte Holzdropper sich besser bewähren. Posten werden besichtigt: Wie tief ist das Bohrloch, schafft ein Windmotor es, oder müssen sie pumpen mit einem Dieselmotor? Es wird über die verschiedenen Viehrassen gefachsimpelt, und was für ein Zufutter sich rentiert. Die Dämme werden in Augenschein genommen. Noch mit Treckochsen und Dammschaufeln oder schon mit Traktoren gebaut?

Wenn einer glaubt, daß die bunte Vielfalt der politischen Parteien an den bäuerlichen Gesetzen für das Land Südwest etwas geändert hat, der irrt sich.«

Marga Vaatz beschreibt eine andere Arbeit auf der Farm: Entwicklungshilfe selbstgestrickt! »Die Frauen auf unserer Farm sollten einmal selbstverdientes Geld in die Hand bekommen. Ich dachte an Stofftiere, die man in Windhoek verkaufen konnte. Ich schnitt aus Stoffresten Körper, Arme, Beine, Kopf und zwei lange Ohren zu. Mein Mann mußte einen Sack voller Karakulwolle herausrücken. Sie war grauschwarz, dreckig und sehr fettig. Nachdem sie drei- bis viermal gewaschen war, an der Sonne getrocknet und fein gezupft, konnte man sie als Füllmaterial benutzen. Die Häschenkörper wurden auf der Handnähmaschine genäht, ausgestopft, Nase und Schnurrbart eingestickt und schwarze Perlenaugen angenäht. Die ersten Produkte sahen bemitleidenswert aus. Alles, was schief angenäht werden konnte, saß schief. Mit unendlicher Geduld zeigte ich immer wieder, wo die Arme am Körper sitzen sollten, wie die Beine angenäht werden mußten. Aber nach zehn Tagen sahen die Häschen schon ganz gelungen aus. Nach einem Monat war unser Haus von Häschen überschwemmt. Jetzt hieß es, Absatz finden!

Wir boten die Häschen in einem Kaufhaus in Kapstadt an. Man war des Lobes voll, fand sie sauber gearbeitet und reizend, aber der Preis konnte mit den »soft toys« aus Hongkong nicht konkurrieren. Um konkurrenzfähig zu sein, hätte der Arbeitslohn auf ein Minimum gesenkt werden müssen. Wir wollten ja aber keine Häschenproduktion, sondern ein Einkommen für die schwarzen Frauen.

Ein neuer Versuch: handgestrickte Decken. Jetzt saßen acht Frauen langbeinig und vergnügt auf dem Rasen vor der Küche und wollten stricken lernen. Sie paßten genau auf, als ich die Nadeln in die Hand nahm.

›Vier Fäden links, vier Fäden hoch, dann muß die Nadel dort hineinstechen und hier wieder herauskommen. Franziksa, was heißt vier auf Damara?‹

›Haka, Missis.‹

›Also, paßt genau auf; haka längs, haka hoch, nautsko, versteht ihr?‹

›Ja, Missis.‹

›Also, dann los, schön langsam, kaipo hakahanna, nicht schnell, tkaise, langsam!‹

›Ja, Missis.‹

Wieder aufmachen war der Refrain in jeder Viertelstunde, jeden Tag, drei, vier Wochen lang. Am Abend fühlte sich die ›Missis‹ wie durch einen Fleischwolf gedreht und mit kochendem Wasser überbrüht.

Aber es ging voran. Nach dem zweiten Lehrmonat bekamen sie ihr erstes Gehalt. Dieses Glück in den Augen, als sie ihr erstes selbstverdientes Geld in der Hand hielten! Als die Strickerinnen im Laufe der Jahre immer geschickter wurden, verdoppelte sich das Einkommen der einzelnen Familien, und ein bescheidener Wohlstand machte sich auf der Werft bemerkbar . . . Heute noch, nach sechzehn Jahren, kommen ihre Töchter zu mir: ›Missis, wir wollen auch stricken! Gib uns Arbeit!‹

Ich bin im Druck. Wenn ich die Heimindustrie ausweite, bläht sich das Problem des Absatzes auf. Meine schwarzen Frauen und Mädchen arbeiten jetzt im Akkord, das heißt, sie brauchen nur zu arbeiten, wenn sie etwas verdienen wollen. Wie lange sie an einer Decke stricken, ist ihre Sache. Wenn ich aber größere Aufträge annehme, müßte ich auf einer regelmäßigen Leistung bestehen. Und wann tritt dann der Zeitpunkt ein, wo die Arbeitsbeschaffung zur Ausbeutung gestempelt wird?«

Ich warte in der Hotelhalle. Hohe Eukalyptusbäume werfen ihre silbergrünen Schatten durch die hohen Fenster. Immer wieder gehen mir die Worte der Farmersfrau Vaatz durch den Kopf. Sollten wir denen, die seit Generationen in Afrika arbeiten, die versuchen, das Wissen Europas zum Nutzen des Landes anzuwenden, nicht vertrauen und mit ihnen mehr zusammenarbeiten? Kann Entwicklungshilfe, theoretisch in Europa gelernt, wirklich viel nützen?

Marga Vaatz ist groß, mit weißen Strähnen im blonden Haar, ein sehr aufrechter Gang, in den Augen etwas von jener Lebensfreude, die unabhängig vom Alter ist.

Ich hatte sie am Abend vorher zu meinem Vortrag über mein Buch »Überleben in Dschungel, Eis, Wüste und Meer« (Bastei-Lübbe Taschenbuch 10016) eingeladen, ihr Urteil interessierte mich. »Es tut mir leid, daß ich nicht zu Ihrem Vortrag kommen konnte. Mein Mann mußte eine Verladung von Rindern vorbereiten, wir mußten also tagsüber auf der Farm bleiben. Glauben Sie nicht, daß das Farmerleben nur Nachteile hat. Eine Farmersfrau hat einen Vorteil vor allen Städtern: Sie kehrt nach einem anregenden Gespräch in die Stille zurück und ›bewegt die vielen Worte in ihrem Herzen‹. Ich sinne oft grübelnd über Dinge nach und wäge ab, ohne von neuen Ansichten, Eindrücken und Fernsehen abgelenkt zu werden. Das Fernsehen verführt zur Oberflächlichkeit, man kann mitreden, ohne mitgedacht zu haben.«

Ich stelle sofort meine Frage: »Und was denken Sie über Südwestafrika, das zukünftige Namibia?« Obwohl ich weiß, daß es auf diese Frage so wenig eine Antwort gibt wie auf die Frage nach der Zukunft Deutschlands, stellt man sie doch immer wieder.

Marga Vaatz antwortet ohne Umschweife: »Seien Sie versichert, daß wir uns des Risikos bewußt sind, das wir mit der Zukunft eingehen. Aber es geht nicht nur um unsere eigene leibliche Existenz, sondern auch um das unserer Kinder und Enkelkinder. Wenn wir kein Vertrauen zu unseren schwarzen und braunen Landsleuten haben, sollten wir sofort unsere Koffer packen. Dieses Vertrauen ist oft mühsam, aber keineswegs leichtfertig! Aber vergessen Sie nicht, auch das Vertrauen der anderen Rassen zu uns ist mühsam. Sie müssen wissen, daß wir durch dick und dünn mit ihnen gehen und nicht aufgeben, wenn es brenzlig wird. Wir könnten gehen, sie müßten bleiben!

Weil das Leben, besonders das Leben eines Farmers in Südwest, eine ständige Herausforderung zu einem ›Ja, dennoch!‹ ist, hängen wir mit allen Fasern an diesem harten Land. Aber in der Zusammenarbeit, in der Gemeinsamkeit liegt unsere einzige Chance!«

Ehe ich meine nächste Frage stelle, fährt Marga Vaatz fort: »Merken Sie nicht, daß sich das gesellschaftliche Klima zwischen Schwarz und Weiß entspannt hat? Ich glaube, Dirk Mudge hat hier ein Wunder vollbracht. Das so gefährdete Pflänzlein Vertrauen zwischen Weiß und Schwarz hat die Erdkruste durchbrochen.«

Frau Vaatz ist aufgestanden und ans Fenster getreten. »Vertrauen, wieder vertrauen! Darf ich Sie daran erinnern, daß Lettow-Vorbeck der einzige deutsche General des Ersten Weltkrieges war, der unbesiegt blieb? Warum? Er hatte seine Askaris voll integriert. Er vertraute ihnen. Der General duldete keinerlei Form von Apartheid. Daß General Smuts, der ihm im Feld gegenüberstand, daraus keine Lehren für Südafrika zog, werde ich ihm immer als einen ›blind spot‹ seiner sonst so wachen Intelligenz ankreiden.«

Marga Vaatz liebt die Auseinandersetzung um eine Idee, ein Ideal, das spüre ich ganz deutlich, als sie mir jetzt mit blitzenden Augen entgegenhält: »Sagen Sie jetzt nicht, Lettow-Vorbeck blieb immer der unbestrittene Befehlshaber. Denn da haben Sie vollkommen recht. Wir Weißen in Südwest könnten mit größerer Zuversicht in die Zukunft sehen, wenn die Lage für uns noch so wäre. Aber das ist vorbei und wird nicht zurückkehren.

Ich bin nach jedem Besuch in Europa, bei dem ich mich bemühe, dem Volk aufs Maul zu schauen, erschüttert nach

Südwest zurückgekehrt. Wir müssen wohl unsere Lösung ganz allein finden! Es ist nicht leicht, Optimist zu sein! Auf kurze Zeit gesehen, behalten die Pessimisten immer recht! Aber vielleicht haben wir hier mehr die Erkenntnis, daß das menschliche Leben vom ersten Atemzug an ein Risiko ist, als die Bewohner in der Bundesrepublik Deutschland mit den vielen sozialen Sicherheiten. Ohne Mut, Entschlossenheit und einer guten Portion Selbstvertrauen geht es bei uns nicht.«

Wir haben uns völlig in unser Gespräch vertieft, als sich mein nächster Gesprächspartner telefonisch anmeldet. Ich danke Marga Vaatz für das Gespräch. Sie hat mir das Land viel nähergebracht, als es die Programme aller neun Parteien vermochten.

Eine Antwort auf »Gehen oder bleiben?« fand ich nicht. Die Herzen bleiben auf jeden Fall in dem Land.

Am selben Abend lese ich in einem Artikel des deutschen Journalisten Hans Germani vom 30. Juli 1981 über Simbabwe:

»Während eines Tees bei Deutschen in Salisbury erfahre ich von der Ermordung meines besten Freundes, des 68jährigen bayerischen Missionspaters Edmar Sommerreißer, am 25. April 1981, fast genau ein Jahr nachdem das Land die Unabhängigkeit errungen hat. Dieser Tod ist symbolisch. 30 Jahre hatte der Pater des Marianhill-Ordens aus Bayerisch-Schwaben sein Leben den Schwarzen Rhodesiens, des heutigen Simbabwe, gewidmet. Marianhill-Patres und die ›Schwestern vom köstlichen Blute Christi‹ bildeten in West-Rhodesien ein Netz christlicher Verkündigung, gesundheitlicher Betreuung, sozialer Fürsorge. Den Patres fehlte nicht der Priestermut vor den Thronen moderner Gewalthaber.

Nachdem der Bürgerkrieg zu Ende war, übernahm es Sommerreißer mit einigen Schwestern, die während der

Wirren verlassene Missionsstation ›Regina Mundi‹ wiederaufzubauen. Dort erreichte ihn, im tiefsten Frieden sein Schicksal. Sein Provinzialpater, Odilo Weger aus Nürnberg, hat sein Ende aus Hinweisen und Zeugenaussagen rekonstruiert: Drei Exguerilleros kamen zur Mission und verlangten von dem alten, mittellosen Mann Geld und schlugen dann mit Eisenstangen auf ihn ein. Doch der bärenstarke Bayer jagte sie mit Ohrfeigen davon. Dann warnte er die Schwestern, nicht aus ihrem Haus zu gehen und die Polizei zu verständigen. Vorsichtshalber holte er aus dem Schrank seine alte Schrotflinte, vergaß aber, den Vorhang zuzuziehen. Da peitschte durch das Fenster die tödliche Salve einer Kalaschnikow. Das Land hat keinen Frieden gefunden. Bleiben oder gehen?«

15. Die Mika-Shembuli-Straße in Katutura

Die Eros- und Auas-Berge haben am Nachmittag jenes fast schwerelose violette Licht, das es eigentlich nur in den Steppengebieten gibt. Windhoek liegt in einem Hochtal auf knapp 1700 Meter Höhe. Das Tal hieß früher »Aigams«, das bedeutet in der Namasprache »Heiße Quellen«. Später wurde es in »Winterhoek« nach einem Berg in der Kap-Kolonie umbenannt, wo Jonker Afrikaner geboren wurde. Zwischen 1820 und 1890 stieß das Namavolk unter Jonker dem Afrikaner auf das vom Norden vordringende Volk der Herero. Beide Völker beanspruchten das Gebiet auf dem Khomashochland für sich. 1823 vertrieb Jonker die Herero und machte Windhoek zu seinem Hauptsitz. Es kam immer wieder zu kriegerischen Auseinandersetzungen. Die Siedlung der »Rheinischen Mission« wurde 1880 von den Herero angegriffen und zerstört. Das heutige Windhoek wurde 1890 vom deutschen Hauptmann Curt von François durch den Bau einer Festung in der Nähe der heißen Quellen gegründet und zur Hauptstadt von Südwest gemacht.

Das Denkmal für François steht an der Kaiserstraße vor dem neuen Rathaus. Nicht weit davon leuchtet ein vergoldeter Adler über einem Kriegerdenkmal aus dem Jahr 1897. Der Obelisk steht im Zoo-Garten an der Kaiserstraße und erinnert an den Kampf der deutschen Schutztruppen gegen den Hottentottenhäuptling Hendrik Witbooi.

Oben an der Alten Feste wurde 1912 ein Denkmal enthüllt, das trotz aller politischen Parteifarben zum Symbol von Südwestafrika wurde: der Reiter der deutschen Schutztruppe. Am 27. Januar 1912, zu Kaisers Geburtstag, wurde das Denkmal mit einer Militärparade eingeweiht. Der Berliner Bildhauer Adolf Kürle hatte den Reiter, der hoch über der Stadt in nordwestlicher Richtung über das Land blickt, entworfen. Er erinnert an die Gefallenen der Herero- und Namakriege zwischen 1904 und 1908.

Die Stadt ist reich an Kriegerdenkmälern. Gegenüber dem Bahnhof wurde 1919 mit schlanken Fächerpalmen und bunten Blumenbeeten der »Ovambofeldzug-Gedenkgarten« angelegt. Von vielen vergessen, den meisten kaum bekannt, griff 1916 der Ovambohäuptling Mandume die südafrikanische Mandatsregierung an. Die südafrikanischen Sieger kämpften zusammen mit den 1915 besiegten Südwestafrikanern gegen die Aufständischen. Mandume wurde in der Schlacht getötet.

Eine der seltsamsten Gedenkstätten, die ich auf meinen Reisen sah, ist das »Oudstryders Monument« in der Bismarckstraße vor der Eisenbahnbrücke. In Kreisform sind 12 steinerne Säulen angeordnet. Von jedem Säulenkopf führt ein schwarzer Eisenstab – er erinnert an einen Galgenquerbalken – in das Kreisinnere. Ich habe nie eine Deutung dieser abstrakten Bauweise erfahren. Soll es ein Wagenrad symbolisieren? Eine Sonnenuhr?

Erst 1951 errichteten die Buren in Südwest dieses Denkmal als Erinnerung an den Frieden von Vereeniging in Südafrika im Mai 1902. Damals wurden die beiden unabhängigen Burenrepubliken, Oranje und Transvaal, nach dem verlorenen Burenkrieg britische Kronkolonien. Aber unter den Besiegten gab es Menschen, die lieber alle Entbehrungen auf sich nahmen, als sich zu beugen. Dies waren die »Bittereinders«, jene, die bis zum bitteren Ende gingen. Sie verließen Transvaal und treckten nach Deutsch-Südwestafrika. Eine kleine Gruppe lebt heute noch nördlich von Windhoek.

Aber Windhoek hat nicht nur Denkmäler, dic an Kriege,

In dem Turnhallengebäude von Windhoek aus der deutschen Kolonialzeit tagt in modernen Konferenzräumen der Ministerrat von Südwestafrika-Namibia. Von den zwölf Mitgliedern sind zwei Weiße, ein Herero, ein Farbiger, ein Buschmann, ein Uama, ein Tswana, ein Damara, ein Baster, ein Caprivi-er, ein Ovambo und ein Kavango.

Siege und Niederlagen erinnern. Da steht mitten in der Stadt der große Kudu. Das schraubenartig gewundene Gehörn wirkt auf dem schmalen Kopf wie eine Krone. Es ist lange vergessen, daß die Elenantilope in Rußland auf der großen Farm »Askania Nowa« unter der deutschen Familie von Falz-Fein als Milch- und Zugtier gezüchtet wurde. Heute lebt der Kudu in den Trockensteppen oft in Gemeinschaft mit den Zebraherden. Die Plastik des Kudu wurde in den fünfziger Jahren von Professor Behn aus München geschaffen.

Ein beliebter Treffpunkt für Verliebte ist der »Blumenbrunnen mit Springböcken« an der Kaiserstraße.

»Heute abend bei den Flamingos!«: das ist keine Bar, sondern das große Eckfenster der Trust-Bank in der Kaiserstraße. An einem Springbrunnen stehen – nachts angestrahlt – hochbeinige rosarote Flamingos in Lebensgröße. Ein Kunstwerk der Südwestafrikanerin Naomi Jacobsen, die mit kleinen japanischen Mosaiken die zerbrechliche Schönheit der Flamingos, die an der Küste und in der Etoschapfanne leben, nachgebildet hat.

Windhoek ist eine sehr kunstfreudige Stadt. Im »Tintenpalast«, dem alten deutschen Landratsgebäude, erzählen Wandgemälde und Holzschnitzereien die Geschichte des Landes. Tropische Pflanzen, kleine künstliche Seen mit Wasserspielen verwandeln die vielen Parkanlagen in grüne Paradiese, die völlig vergessen lassen, daß die Stadt in einer trockenen Hochsteppe liegt, mit heißen Sommern – im Dezember kann das Thermometer auf 40° C ansteigen – und kalten Wintertagen, wo man im August – bei einer kalten afrikanischen Sonne – Strickjacken braucht.

Die schwarze Vorstadt Katutura und die Farbigensiedlung Khomasdal gehören heute zur Stadt Windhoek. Hier wohnen ungefähr 29 000 Schwarze und 13 000 Farbige. Seit

Jahren ist für alle Rassen der Zuzug ins Zentrum von Windhoek frei. So wohnt Andreas Shipanga, ehemaliger Mitkämpfer von Sam Nujoma, der abtrünnig wurde und heute Vorsitzender der »SWAPO-Democrats« ist, in dem feinsten weißen Bungalowviertel von Windhoek.

Es gibt, im Gegensatz zur Republik Südafrika, keine Rassentrennung in den Hotels. Gestern saß bei einem »candle-light-dinner« im Kalahari-Sands-Hotel an meinem Nachbartisch der junge Hererohäuptling Kuaima Riruako mit seinen beiden bildschönen Frauen. Flankiert wurde die elegante Gruppe von vier Leibwächtern in schwarzen Anzügen, seidenen weißen Hemden und den gewissen Ausbuchtungen in den Jackettaschen. Die jüngere, großgewachsene Hererofrau trug zu einem langen türkisfarbenen Kleid mit passendem Turban einen herrlichen Schmuck aus goldgefaßten Kaurischnecken.

Die Häuser in Katutura sind flach, langgestreckt, meist weiß gestrichen und mit einem spitzgiebligen Dach versehen. Manche haben eingezäunte grüne Gärten, andere stehen ohne Abgrenzungen am Straßenrand. Es gibt Häuser, die im Schatten riesiger Tamarisken stehen, andere haben blinde, sandstaubbedeckte Fenster.

Wer Katutura mit Slums oder Ghettos, wie es so viele – und nicht nur in Afrika – gibt, vergleicht, war entweder nie da oder lügt.

Gewiß, es fehlt an Kindergärten, und die wenigen Lokale sehen ungepflegt aus im Gegensatz zu den Sportplätzen. Ein Teil der Straßen zu den Häusern am Stadtrand ist ungeteert. Aber wo gibt es das nicht? Nicht alle Häuser haben Wasser. Öffentliche Pumpen ersetzen manchmal den Kinderspielplatz.

Aber alle Besucher und Kritiker Afrikas sollten ihre europäischen Urteile und Vorurteile vergessen. Afrika lebt und betet anders. Es ist nicht jedermanns Sache, sein Haus jedes Jahr neu zu streichen, am Feierabend den Rasen zu pflegen, das Auto zu waschen, Blumen zu züchten, die in den Augen der anderen nutzlos verblühen!

Der Schweizer Hans O. Staub, Chefredakteur der »Weltwoche« in Zürich, schreibt in seinem Buch über Südafrika: »Die Weißen und aufgeklärte Schwarze – beide von wahrhaft gutem Willen erfüllt, in den Homelands eine moderne Agrikultur zu schaffen – geraten in ein fast unlösbares Dilemma: Sie sind sich klar darüber, daß man aus Tausenden von Hektar in den schwarzen Gebieten (nicht alle liegen auf der trockenen Seite) mehr herausholen könnte; sie haben jene mustergültig geführten Farmen weißer Siedler gesehen, die Unerhörtes aus ihrer Erde machen – aus der gleichen Erde, die ein paar hundert Meter weiter im ›schwarz‹-bewirtschafteten Territorium bloß verdorrtes Gras herzugeben scheint.« Das gilt nicht nur für Südafrika, sondern in den meisten Gebieten Afrikas, wo Schwarz und Weiß die gleiche Erde bearbeiten.

Aber wissen wir wirklich, ob unser Wissen und unser Fortschritt glücklich machen? Ich bewundere jeden Politiker, der diese Frage hemmungslos mit »Ja« beantwortet.

Ich bremse, denn eine weiße Ziege mit zwei Jungen zuckelt über die schmale Seitenstraße. Zwei Kinder rennen einem Fußball nach, ein drittes versucht, mit seinem Dreirad mit mir Schritt zu halten. Dann stehe ich vor dem Haus des pensionierten Polizeisergeanten Mika Shembuli. Hohe Bäume hinter dem mannshohen Drahtzaun. Ein gepflasterter Weg zu dem Haus, links davon eine Anlage für ein afrikanisches Kugelspiel, so ähnlich wie unser Boule.

Shembuli steht auf dem Weg. Er ist fast zwei Meter groß. Die Haare auf dem mächtigen Kopf sind so weiß wie seine Zähne. Sie blitzen beim Lachen, und Shembuli lacht gern.

»Wo ist Boß, Missis?«

»Er muß daheim arbeiten!« Bei dem letzten Besuch war mein Mann dabei. Beide haben feierlich Geschenke ausgetauscht. Mein Mann bekam einen holzgeschnitzten Tabakbehälter, der Polizist ein Bild von Düsseldorf. Es hängt heute über dem Sofa im guten Zimmer.

Shembuli ist ein Ovambo, seine Frau eine sehr helle Baster. Es gibt wenig solche Mischehen. Der heute 65 jährige hat drei Kinder und sechs Enkelkinder. 45 Jahre hat er als Polizist in Katutura für Ordnung in seinem eigenen Volksstamm gesorgt. Er bekam das »Honoris Crux«, die höchste Auszeichnung der Republik Südafrika. Die Stadtverwaltung von Katutura benannte nach ihm eine Straße.

Seine Frau bringt uns heißen Kaffee und Honiggebäck. Dann geht sie sofort wieder in die Küche, läßt aber die Tür zwei Handbreit offen. Den großen neuen Kühlschrank habe ich schon bewundert. Shembuli sitzt mir gegenüber in der guten Stube. Auf dem Tisch liegt eine schwere dunkle Samtdecke mit Fransen. Das Sofa ist vollgestopft mit großen und kleinen Kissen in allen Farben. An der Wand hängt ein Druck der Gottesmutter mit durchbohrtem Herzen. Daneben zwei rosarote Botticelli-Engel mit kleinen Flügeln und runden Popos. Sie sind etwas schief aus einer Zeitung ausgeschnitten. Ein Foto, schon sehr vergilbt, von seinen Eltern. Der Vater in dem europäischen Anzug wirkt klein gegenüber der großen Ovambofrau mit den herrischen Gesichtszügen. Wie ganz anders ist das heitere, gütige, faltenreiche Gesicht von Frau Shembuli!

Das einzige gerahmte Bild, wenn auch mit vielen schwarzen Fliegenpunkten auf dem Glas, ist das Foto von der Ordensverleihung für treue Dienste.

Shembuli hat den Gesetzen für »Law and Order«, Recht und Ordnung, wie sie jetzt im Land regieren, gedient, auch wenn es gegen Leute seines eigenen Volkes ging.

Ist das nicht die Pflicht aller Staatsdiener, ohne Frage nach der Hautfarbe?

»Geht alles gut, Mister Shembuli?«

»Ja, Missis, das sechste Enkelkind ist wieder ein Junge.«

»Und was macht der Ruhestand?«

Mit beiden Händen macht er eine fragende Bewegung. Das Gesicht hat traurige Züge, es scheint dadurch noch dunkler zu werden.

»Ein Mann ohne Beruf ist schwer, wenn er keinen Acker und keine Rinder hat. Der Garten ist klein, aber . . .« Dann kommt das Lachen aus den Augen heraus, überzieht das ganze Gesicht. »Der Mann bekommt ja Geld. Gab es früher nicht, daß man ohne Arbeit essen konnte! Junge Polizisten kommen zu mir, wir spielen. Ich kann in der Sonne sitzen, Frau hat immer Kühlschrank voll.«

Und dann nach einer kurzen Pause: »Aber Rinder, die Junge kriegen, Felder, die wachsen, wenn man das Wasser richtig abfängt und weiterführt . . .«

Shembuli, so denke ich, mit diesen Gedanken bist du nicht allein. Alle wollen den Segen des Fortschritts, der städtischen Zivilisation, an den Preis denkt keiner!

»Wie geht es in Katutura, viel Unruhen, Mister Shembuli?«

Als ich vor zwei Jahren in der Schwarzenstadt war, wurde in Windhoek der vierfache Mörder Nduuvu Nangolo gehängt. Der Schwarze, ein SWAPO-Guerillero, hatte das deutschstämmige Farmerehepaar Walter, die 37jährige Farmersfrau Shirley Louw und ihren 12jährigen Sohn erschossen. Nangolo wurde bei seiner Festnahme angeschossen und war seitdem gelähmt. Das Urteil wurde trotzdem vollstreckt. Man befürchtete damals Unruhen. Ich habe weder im Zentrum von Windhoek noch in den Vorstädten Proteste

Südwestafrika ist ein riesiges Land, dreieinhalbmal so groß wie die Bundesrepublik, mit einer knappen Million Einwohnern. Unberührte Erde wartet hier noch auf den Menschen.

In Gobabeb, der Forschungsstation in der Namib, arbeiten Professoren aus vielen Teilen der Welt.

Die „Welwitschia Mirabilis" wächst nur in Südwestafrika und kann weit über tausend Jahre alt werden. Die Buren nennen sie „Tweeblaarkanniedood".

Die Narapflanzen mit ihren kürbisartigen Früchten, die mitten in den hohen Dünen wachsen, gehören den Topnaarfamilien. Die wilden Pflanzen werden von Generation zu Generation weiter vererbt.

Die großgewachsenen, stolzen Hererofrauen schreiten gemessen in ihren faltenreichen Röcken und den kunstvoll geknüpften Kopftüchern.

▼ *Das Wort Etoscha hat viele Bedeutungen. Die Etoschapfanne ist der größte Salzsee Afrikas. Die schüsselförmige Senke ist 6000 Quadratkilometer groß und liegt in einem Tierpark von der Größe der Schweiz.*

Die Fischindustrie von Walvis Bay, eine Enklave der Republik Südafrika, die ungefähr so groß ist wie Hongkong, mußte in den letzten Jahren immer mehr Arbeiter entlassen. Schuld ist die Überfischung der Atlantikküste.

Seit zwei Jahren baut der Vielvölkerstaat „Südwestafrika/Namibia" eine eigene Armee auf. Die „Wehrmacht-Namibia" besteht bis jetzt aus Freiwilligen. Allgemeine Wehrpflicht soll 1982 eingeführt werden.

Zwischen der Dünung des Atlantik und der Wüste leben am Kreuzkap Tausende von Robben. Es ist die größte Robbenkolonie Afrikas.

Südwestafrika hat viele deutsche Soldatengräber. Oft vergessen vom deutschen Mutterland, finden sich Einwohner der verschiedenen Völker von Südwest, um dieses Stück Geschichte zu pflegen.

oder besonderen Polizeieinsatz erlebt. Ich habe mehrere nach ihrer Meinung gefragt, vor allem in Katutura. Die Antwort war meist: »Er war ein Mörder, mit ihm haben wir nichts zu tun.« Viele wußten von der bekanntgegebenen Hinrichtung überhaupt nichts.

»Es ist ruhig, Missis. Es geht auch vorwärts!«

Eine Pause. Er schlürft den Kaffee, den Kopf in die eine Hand gestützt.

»Manchmal langsam, zu langsam, weil die Jungen so schnell wachsen. Aber sie müssen es auch lernen, daß alles seine Zeit braucht. Die Jungen haben Freiheit, ehe sie die Inissiassie durchgemacht haben. Sie fügen jetzt anderen Schmerzen zu, ehe sie selbst Schmerzen durchlitten haben. Das ist schlimm. Sie haben keine Angst überwunden, deshalb bleiben sie Kinder, alte Kinder. Sie verlangen, ehe sie etwas gebaut haben, das macht sie dumm. Das Alte kommt nicht wieder, aber ich weiß nicht, was wir unseren Kindern jetzt dafür geben können. Ein Auto? Ein Motorrad? Es ist schwer.«

Das sind die meisten Sätze, die ich je von Shembuli hintereinander gehört habe. Seine Augen blicken über mich hinweg. Sein Gewicht wirkt hart wie schwarze Lava. Es ist, als ob der Riß durch Afrika durch sein Gesicht geht. Die Folgen der Verstädterung, der westlichen Konsumgesellschaft, eines oft mißverstandenen Christentums, die kommunistische, götterlose Welt, alles trifft auf dieses jahrtausendalte, mystische, ahnenkultverbundene Afrika.

Shembuli sprach von den Initiationen, den Einweihungen, durch die ein junger Mensch in die Welt der Erwachsenen aufgenommen wird. Die Einweihung ist – auch heute noch – eines der wichtigsten Stammesereignisse. Nach Geschlechtern gesondert, werden die Jugendlichen von ihren Familien getrennt. Es kann sechs Monate oder vier

Jahre dauern. Drei Stationen verwandeln den Knaben in einen Mann. Zuerst kommt die Trennung von der Familie. Die Kinder werden in einen großen Wald geführt, oft Tagesmärsche von dem Elternhaus entfernt. Dabei »stirbt das Kind, das Kindsein«. In der Abgeschiedenheit wächst das Neue, der Mann. Im dritten Stadium muß der junge Mann jetzt Schmerzen ertragen, um das Überleben kämpfen, die Erde bebauen lernen. Widerspruchslos muß er Befehle ausführen.

Er wird sexuell aufgeklärt, gleichzeitig lernt er als oberstes Gebot den Respekt vor dem Alter. Die letzte Prüfung ist die Beschneidung oder bei anderen Völkern das rituelle Einschneiden von Narben.

Junge Mädchen werden gern zu einem heiligen Wasser, einem See, gebracht. Abgeschirmt von der Welt, klären ältere Frauen und Zauberinnen die Kinder über das Dasein einer Frau auf. Die Mädchen lernen ihren Körper kennen, wie er Leben empfängt und gebiert. Sie lernen die Praktiken der Liebe und die Ehrfurcht und Pflicht gegenüber dem neuen Leben, das allein in ihre Hand gelegt ist.

Es hat mich immer eigenartig berührt, daß weder die Mutter noch der Vater, die blutsmäßig mit dem Kind verbunden sind und dadurch gewisse Hemmungen, natürliche Schamschranken, voreinander haben, ihre Kinder in die Welt der Erwachsenen einführen. Ich glaube, daß den jungen Menschen dieser Weg der »Einweihung« viel Kraft gibt.

Und ich verstehe Shembuli, als er sich selbst fragte: »Was geben wir unseren Kindern heute? Ein Motorrad?«

»Ist da keine Angst vor der Zukunft? Was macht die Politik?« Das Gesicht meines Gegenübers scheint wieder zu erwachen.

»Namibia kann schön werden, wenn da nicht manche Menschen wären. Namibia ist reich.«

Und dann nach einer Pause: »Aber manchmal haben wir Angst. Meine Familie stammt ja aus dem Ovamboland. Und wir haben hier in Katutura Hunderte von Ovambos als Gastarbeiter. Sie leben drüben im Compound. Ihre Familien sind oben in Oshakati, Opuwo oder Ondangwa. Die Onkel und Großväter wohnen in Angola. Die Grenze geht ja durch unser Volk. Meist arbeiten sie neun Monate hier, dann zurück in die Heimat. Aber sie bringen Unruhe. Sie verteilen Broschüren, manchmal auch Waffen. Sie sprechen von einer Zukunft mit Gleichheit und gutem Leben für alle.«

Mika Shembuli sieht mich abwartend an.

»Missis, ich bin alt geworden. Ich habe nie eine Gleichheit gesehen. Jeder ist ein einzelner Mensch, aber keine Gleichheit. Nicht einmal unter den Rindern.«

Unvermittelt sagt er dann: »Am letzten Sonntag hat der Pfarrer in der Kirche gesagt: ›Erst wenn ihr eure politische Kleidung ablegt, könnt ihr Christen werden.‹ Ich glaube, Missis, das ist ein Weg.«

Ich verabschiede mich von seiner Frau, die, ohne zu verstehen, unser Gespräch gehört hat. Sie strahlt ihren großen Boß an. Er gibt mir etwas für meinen großen Boß mit. Es ist ein Weingefäß aus Holz, ein seltsames Muster ist mit einem heißen Eisen eingebrannt.

Ich fahre durch die Mika-Shembuli-Straße zurück. Am liebsten hätte ich dabei salutiert.

16. Wohin marschiert die neue Armee Namibias?

Bis Gobabis sind es von Windhoek gute 250 Kilometer. Die Straße ist geteert und manchmal schnurgerade. Weithin sichtbar stehen die Zeichen für schattige Rastplätze. Im Dreieck ein grüner Baum und darunter ein Tisch. Der Baum ist meist von weither sichtbar, weil er der einzige im weiten Umkreis ist.

Nach Gobabis, der letzten großen Siedlung vor der Grenze nach Botswana, beginnen 150 Kilometer Sandstraße. Die Hitze liegt wie ein aufgeblähter Ballon über dem Land. Fata Morganas flimmern am Horizont und an den Straßenrändern. Das Land ist platt wie ein Tisch. Zwischen dem trockenen, bernsteingelben Steppengras stehen, wie langarmige Kerzenhalter, trockene Aloen. Die Dornenbüsche tragen als einzigen Schmuck ihre zehn Zentimeter langen silbergrauen Dornen. Manche sind geformt wie das Geweih eines kleinen Steinbockes. Und immer wieder Sand, Sand und nochmals Sand. Das Kauhauveld und die Kalahari scheinen über die Grenzziehungen der Menschen zu spotten. In dieses riesige »Sandveld« flüchteten 1904 nach ihrer Niederlage am Waterberg die Herero. Wie viele von ihnen in den Kämpfen gefallen und wie viele im Sandveld in Betschuanaland, dem heutigen Botswana, umgekommen sind, ist nie ermittelt worden. Die Herero hatten sich militärisch gegen die deutschen Schutztruppen gut geschlagen. Ihr Oberhäuptling Maherero hatte sich am Ostrand des Waterberges zum Kampf gestellt. Bei einer Niederlage war der Weg nach Osten frei. Die Herero waren sich auch sicher, daß die deutschen Truppen in dieses Wüstengebiet nicht nachstoßen würden und konnten. Trotzdem wurde der Fluchtweg eine tödliche Falle. Die Herero waren am Waterberg mit ihren ganzen Stammesverbänden versammelt. Es waren nicht nur die Krieger, sondern auch die Frauen, Kinder und Alten. Dazu kamen die Rinderherden. Ein Stamm von 20 000 Menschen hatte meist bis zu 35 000 Rinder.

Von dem Großvieh sind allerhöchstens ein Drittel Kühe. Eine afrikanische Kuh gibt nur einen Bruchteil der Milch, die eine europäische gibt.

Mensch und Tier, sie alle zogen nach Osten. Es gab für sie jetzt nur noch einen Feind: eine gnadenlose Sonne über einer Erde ohne Wasser.

Mich fröstelt es, wenn ich daran denken, wieviel Schreie, Röcheln, Weinen ohne Tränen und Flüche das Sandveld geschluckt hat.

Ich bin auf dem Weg zu einem Bataillon der »Namibia-Wehrmacht«, das zwischen Gobabis und der Grenze stationiert ist. Mein Fahrer hat die MP zwischen die beiden Vordersitze gelegt. Über den Lauf ist ein Sandschutz gezogen. Wir haben ein Seitenfenster geöffnet. Lieber Sand als die Hitze.

Der Vielvölkerstaat Südwestafrika-Namibia hat seit zwei Jahren begonnen, eine Armee, »Wehrmacht« genannt, aufzubauen. Bis jetzt stehen sieben Bataillone. Ende 1981 soll die allgemeine Wehrpflicht eingeführt werden. Das halten allerdings auch Sachverständige bei den Entfernungen, den zu schaffenden Kasernen und dem Haushaltsbudget für Theorie.

Bis jetzt sind alle Soldaten Freiwillige. Sie sollen einmal das Unteroffizierskorps für die allgemeine Wehrmacht stellen.

»Wir sind da, Missis Seering!«

Als sich der Bremsstaub gelegt hat, sehe ich immer noch nichts. Erst langsam – wie auf einem Suchbild – entdeckt das

Auge die olivgrünen Zelte zwischen dem gelben Buschgras und den Tamarisken. Allerdings hätte mir die fast 40 Meter hohe Gruppe von Eukalyptusbäumen verraten müssen, daß es hier Wasser und damit auch Menschen gibt.

Am Eingang zum Bataillonsstand eine übergroße Pappfigur eines angreifenden Soldaten mit der Aufschrift »Eendrag maak mag«: Einheit macht stark. Vor dem Kasino, einem flachen Steinbau mit großen Fenstern, ein drei Meter hohes Plakat. Auf sandfarbenen Grund ist eine blaue Soldatenfigur gemalt, und quer über alles steht in großen schwarzen Buchstaben:

Soet is die Stryd
Van die Stryder
Al moet hy
Uiteindelik verloor
Maar die Man wat
Sy deelname weier
Is de Man wat sy
Nasie vermoor.

Bei der Übersetzung dachte ich an die Worte von Novalis: »Süß ist es, für das Vaterland zu sterben . . .«

Trotzdem ist der Inhalt des Plakates ein anderer. Die Übersetzung heißt: »Süß ist der Kampf für den Kämpfer, auch wenn er verliert. Aber der Mann, der seine Teilnahme am Kampf verweigert, ist derjenige, der sein Volk verrät.«

Wobei das Wort »vermoor« mehr bedeutet, es heißt soviel wie »ermorden«.

In dem Lager bei Gobabis werden 250 Soldaten von 18 Offizieren und Unteroffizieren ausgebildet. Die Offiziere sind weiße Südafrikaner und einige wenige Europäer. Die Mannschaft hier besteht zu 80 Prozent aus Herero, der Rest sind Ovambos und ein Buschmann.

Das Kasinoessen ist wie daheim: Salzkartoffeln, frisches Kohlgemüse und Rindfleisch. Als Nachtisch süßer Milchreis. Zum Trinken gibt es köstliches kaltes Wasser aus dem Brunnen unter den Eukalyptusbäumen.

Die Armee verpflegt sich selbst. Das Gemüse wird im Lager angebaut, und wilde Obstbäume werden angepflanzt. Das Wasser wird durch Windmühlen aus 200 Meter Tiefe geholt. Die Soldaten lernen neben dem Waffendienst zum ersten Mal, wie man wilde Obstbäume kultiviert und Gemüse anbaut.

»Haben Sie genügend Freiwillige?« frage ich den Kommandeur.

»Ja, wobei gute zehn Prozent bei der Auswahl nicht geeignet sind.«

»Was verdient ein Soldat?«

»100 Rand im Monat. Unterkunft, Verpflegung, Kleidung sind frei. Von dem Sold wird die Hälfte auf eine Bank gebracht und für die Familie gespart. Vielleicht denken Sie, 100 Rand sind wenig. Bei uns bekommt ein Leutnant 120 Rand, ein Major 500 Rand. Unsere Gehälter liegen weit unter der deutschen Besoldung.«

Ein Rand liegt etwa bei 2,60 DM. Die Kaufkraft des Rand ist aber höher als die der Mark bei uns. Ein Kilo feinstes Rinderfilet kostet in Südwest 2 Rand. Lammkoteletts das Kilo 1 Rand 80 Cents, zehn Eier 20 Cents.

»Können Sie aber die Bezahlung von 100 Rand bei der allgemeinen Wehrpflicht aufrechterhalten?«

»Nein. Wir wissen auch, daß ein großer Teil zu uns kommt, weil das Geld lockt, nicht das Vaterland Namibia. Trotzdem sind wir überzeugt, daß eine Armee ein gutes Mittel ist, um so viele unterschiedliche Völker zusammenzubringen.«

Die Armee als Schule der Nation? Kann die Wehrmacht den

Vielvölkerstaat zusammenhalten? Eine Hoffnung bestimmt. Der Beweis steht noch aus. Wer wird Kommandeur dieser Armee, wenn der weiße Südafrikaner geht? Ein Herero, ein Südwester, ein Ovambo, ein Baster, ein Buschmann? Noch gibt es keine Armee in der ganzen Welt, wo der Oberbefehl aus einem demokratischen Parlament besteht.

Mourir pour Namibia?

In Simbabwe hat der britische Generalleutnant Peter Walls, der im siebenjährigen rhodesischen Bürgerkrieg den Oberbefehl über die Regierungstruppen hatte, sein Amt zurückgegeben. Der Haß zwischen den beiden stärksten Völkern des Landes, den Matabele und den Maschona, hatte auch die Armee ergriffen. Heute sind über 100 Nordkoreaner als Ausbilder in der Armee Mugabes.

Namibia hat eine 900 Kilometer lange Grenze mit der Volksrepublik Angola. Nach westlichen Informationen sind in Angola russische und kubanische Offiziere, einschließlich Ausbildern aus der DDR, stationiert. Ob es 500 oder 800 sind, weiß man nicht. Welcher Geheimdienst kann das feststellen?

An der Angolafront fallen Südafrikaner. Die Mütter und Väter in Pretoria, Durban, Johannesburg oder Grahamstown fragen immer dringender: Warum? Wozu?

Es starben auch über 100 Soldaten der jungen Namibia-Wehrmacht im letzten Jahr. Sie fielen durch gezielte Schüsse, fuhren auf Minen oder wurden durch Granaten zerrissen.

Wenn die UN-Resolution 435, die die Schaffung einer entmilitarisierten Zone auf 1460 Kilometer Länge und 500 Kilometer Breite an der Angolagrenze vorsieht, verwirklicht würde, gibt es nur eine Frage: Würden die »Blauhelme« aus Dänemark, Finnland, Griechenland, Singapur oder Zypern auch diese Opfer bringen? Können 5000 Soldaten, die weder das afrikanische Gelände noch den Gegner kennen, hier den Frieden sichern?

Die Antwort bekam ich ziemlich schnell durch die Manöverübung, die am Nachmittag gezeigt wurde.

Das Bataillon tarnt sich mit dem gelben Savannengras. Die schwarzen Gesichter werden mit weißen Streifen bemalt. Als wir dann auf dem sogenannten »Feldherrnhügel«, der ein Holzbrett unter einer Akazie ist, stehen, sehe ich vor mir nur eine hitzeflimmernde Savanne. Feldstecher, Teleobjektiv: Es bewegt sich nichts außer der heißen Luft.

Ich komme mir vor wie in der Etoschapfanne, wo ich überzeugt war, daß der Löwe unter dem Busch lag. Aber es war nur der Schatten eines Steines!

Der junge Leutnant macht mich auf einige Bewegungen aufmerksam. Links von uns bewegt sich das Gras, aber auf gute 800 Meter Entfernung kann es der Wind oder ein Tier sein. Bis zum Horizont scheint mir die Welt ausgestorben und verbrannt. Ich merke auch, daß meine Augen immer weniger wahrnehmen. Es ist wie im Dschungel, wo das Grün alle Umrisse erschlägt.

Da sind sie, 100 Meter vor uns: aufspringen, fallen, aufspringen, robben. Platzpatronen knallen, ein Sturm scheint durch das mannshohe Gras zu gehen.

Als die Übung beendet ist, gibt es Tadel und Lob. Nur die Steppe scheint völlig unberührt. Für die Soldaten beginnt jetzt der Kampf gegen den Sand, der in alles dringt, so als wüßte er, daß sein Dasein dem zukünftigen Land den Namen gibt: Namibia, die Wüste.

Während ich mich verabschiede, gibt mir ein Unteroffizier, er stammt aus der großen Karoo in Südafrika, ein kleines Geschenk. Es wirkt wie eine vertrocknete Teufelsspinne. Im ersten Augenblick schreckt meine Hand zurück, dann halte ich vorsichtig das federleichte hellbraune

Gespinst auf der Hand.

»Es ist der Samen einer Teufelskralle, Frau Seering. Er ist nicht tot, er lebt. Nehmen Sie ihn mit nach Deutschland, er wird dort wachsen.«

Dann erklärt er mir die geheimnisvolle Steppenpflanze. Das Vieh schreit, ehe es verdurstet. Die Schreie der Pflanzen können wir nicht hören, aber sie wehren sich mit anderen Mitteln gegen das Sterben. Die Saat der Teufelskralle ist wie eine kleine Kinderhand geformt. Sie besteht aus einem Rücken, einem gewellten Bauch, und die Finger sind mit gefährlichen, spießscharfen Dornen und Widerhaken versehen. Diese bewaffneten Finger sind die Fortbewegungswerkzeuge im Wüstensand. Der Same rollt, haftet sich irgendwo fest und wartet darauf, daß ein Tier oder ein Mensch vorübergeht und er sich an ihm festklammern kann. In der Hoffnung, daß er zu einer Stelle kommt, wo er wachsen kann. Dann fällt der Samen ab, bohrt sich in die Erde und wartet auf ein regenreiches Jahr, das für ihn neues Leben bedeutet. Dann öffnet sich der schnurgerade Spalt am Bauch und läßt die jahrelang sorgsam gehütete Saat hinaus. Das Leben beginnt. Die verholzte tote Schale bleibt wie ein kleiner Sarg in der Erde zurück.

Es ist ein schönes Geschenk, weil es lebt. Während es auf meinem Bücherregal liegt, wartet es auf die Geburt.

Während ich von Gobabis nach Windhoek zurückfahre, denke ich an die Gräber, die im Norden und Süden liegen. In Okahandja, gute 60 Kilometer nördlich von Windhoek, beschatten hohe Fächerpalmen die Gräber der Hereroführer. Dieses schwarze Volk kam um 1800 aus dem Norden. Sie kamen mit ihren riesigen Rinderherden und stießen auf die Siedlungsgebiete der Hottentotten. In der Mitte des 19. Jahrhunderts unterlagen sie den Angriffen der Hottentotten unter Jonker Afrikaner, der nicht nur ein Krieger war, sondern Diplomat, Intrigant und skrupelloser Diktator. Aber in der zweiten Hälfte des 19. Jahrhunderts befreiten sich die Herero von den hellhäutigen Völkern aus dem Süden. Da kamen die Weißen aus England und Deutschland.

Noch heute fallen die Hererofrauen mit ihren großartigen Kleidern aus herrlichen Farben in den Straßen von Windhoek auf. Sie tragen weitbauschige Röcke und turbanartigen Kopfschmuck.

Ursprünglich hatten Missionarsfrauen diese Tracht eingeführt, weil sie darauf bedacht waren, daß die Eingeborenenfrauen ihren Körper mit mehr als nur Ockerfarbe und Perlen bedeckten. Die Hererofrau übernahm die weiten Keulenärmel, die enggeknöpften Mieder und die bauschigen Röcke, daraus entstand die Hereromode.

Der heutige Häuptling der Herero bewohnt eine große weiße Villa in Katutura. Seine Vorfahren liegen alle in Okahandja begraben. 1923 wurde Maherero aus dem Betschuanaland hierher überführt. Das letzte Begräbnis fand vor drei Jahren statt. Da war das Volk der Herero mit Männern, Frauen und Kindern vertreten, als der 1978 ermordete Häuptling Clemens Kapuuo zu Grabe getragen wurde. Er war der Mann, der als Präsident der vielrassigen Demokratischen Turnhallenkonferenz und Chef des Hererovolkes der erste Ministerpräsident eines unabhängigen Namibia werden sollte. Er war ein Gegner von Terrorismus und Kommunismus. Er kämpfte um seine Heimat, wenn es auch vor allem die Heimat der Herero war. Kapuuo besuchte die Vereinigten Staaten, war in Bonn und Paris. Er war ein Kämpfer. Pistolenschüsse machten seinem Leben ein Ende, als er in seinem Garten in Katutura starb.

Sein Grab liegt auf dem Gelände der ehemaligen Rheinischen Mission, direkt neben seinem Vorgänger Hosea Kutakos, der 1970 im Alter von 100 Jahren starb. Die Hererofrauen erschienen in leuchtendroten Kleidern. Rot ist die Farbe der Herero. Die Männer trugen Phantasieuniformen, die an die Zeit der Schutztruppen erinnern.

Auf dem Grabstein steht: »Chief Clemens Kapuoo 1923–1978, Namibia-united we stand, divided we fall.«

Alle Trauergäste zogen am Grabstein vorbei und berührten ihn mit der Hand. Auch die mitgeführten Fahnen, rote und schwarz-weiß-rote, wurden mit dem Stein in Berührung gebracht und dadurch geweiht. Rot sind die Fahnen des Hererovolkes, schwarz-weiß-rot die Traditionsfahnen aus der deutschen Kolonialzeit.

100 Kilometer südlich von Windhoek sind auf dem Friedhof der Basterhauptstadt Rehoboth eine Reihe deutscher Gräber mit dem Eisernen Kreuz. Die Baster sind eine hellhäutige Mischlingsbevölkerung, die von weißen Vätern und hottentottischen Müttern abstammen. Ihre Hauptstadt ist fast 150 Jahre alt, ihr ethnisches Bewußtsein sehr stark ausgeprägt. Ihr Vertreter im Ministerrat der Turnhallenkonferenz ist Dr. Ben Afrika. Die Baster waren in vielen Gefechten auf der deutschen Seite und standen bis 1915 treu zur deutschen Kolonialverwaltung. Die Gräber der deutschen Soldaten, die zum Teil ihre Ausbilder waren, werden heute noch gepflegt.

Müde treffe ich in Windhoek ein. Ich habe morgen noch einige Gespräche mit Vertretern der Demokratischen Turnhallen-Allianz. In der »Verfassung«, die für alle elf Völker von Namibia gilt, steht in den ersten beiden Absätzen:

»Die Allianz erkennt Gott als den Herrn über Länder und Völker an.«

»Die Allianz erstrebt eine unabhängige Republik Südwestafrika-Namibia, in der die verschiedenen Bevölkerungsgruppen in Frieden und Sicherheit zusammenleben können.«

Vielleicht müssen wir Menschen so hohe Ziele anstreben, um einige wenige Schritte vorwärtszukommen.

Übermorgen fliege ich zum Abschluß der diesjährigen Reise in die Etoschapfanne, für mich eines der schönsten Gebiete Afrikas.

17. Etoschapfanne – der Ort des trockenen Wassers

Meine letzte Nacht und mein vorletzter Tag in Südwest sind angebrochen. Acht Tage war ich im Camp Halali. Es ist Mitte September. Ein zaghafter Frühling beginnt an den dornenstarken, stachligen Mimosen zu blühen. Wie zusammengerollte Vogelfedern quellen die gelben Blütenköpfe aus dem bronzefarbenen Gesträuch. Beim Vorüberfahren im Jeep hatte ich immer das Gefühl, sie könnten wegfliegen wie Schmetterlinge.

Es ist kurz nach vier Uhr nachmittags. Das Land ist ausgetrocknet, die große Regenzeit beginnt im November und dauert bis April. Die Wasserlöcher sind klein, umgeben von weißen Krustenringen, die – wie Baumringe – das Vertrocknen der Erde anzeigen.

Bäume mit zahllosen Zweigen ohne Blätter und Blüten, bei uns daheim wäre dazwischen Schnee oder Nebel. Aber hier stehen darüber ein seidig blauer Himmel und eine Sonne, die Tagestemperaturen bis zu 25° C erreicht. Die Gesichter des Winters sind ganz verschieden.

Rings um den Balsambaum liegen wie ein Teppich seine braunen Blätter, eine bevorzugte Nahrung des Wildes im Winter. Die »*commiphora pyracanthoides*« gehört zu den Weihrauchgewächsen, aus denen früher Balsam, Weihrauch und Myrrhe hergestellt wurde. Sein Holz ist weich, aber widerstandsfähig gegen die Trockenheit, deshalb sein anderer Name »Kanniedood« – kann nicht sterben.

Auch der Tambuti hat seine Blätter verloren. Vor acht Tagen waren sie noch leuchtend rot, wie mancher Ahorn bei uns im Herbst. Jetzt blättert die grobe schwarze Rinde in regelmäßigen viereckigen Feldern ab. Der Tambuti trägt ein

Schottenkaro. Die kugeligen Früchte sind erst kurz vor Weihnachten, also im Südwester Hochsommer, reif. Oft lebt in der reifen Frucht die Larve eines Insektes, das mit der fallenden Frucht bis zu vier Meter weit abspringt. Deshalb der englische Name »Jumpingbean tree«, der bohnenspringende Baum.

Wer das Holz des Tambuti einmal zum Abkochen verwendet hat, tut es nie wieder. Dieses sehr schwere, harte Holz verbreitet einen scharfen Geruch, der auch den besten Lammbraten ungenießbar macht.

Gestern trafen wir noch einen blühenden Wurmrindbaum. Er ist in der Etoscha einer der ersten Bäume, die im August, nach dem Winter, blühen. Unmengen von flauschigen gelblichen Blüten bedecken die blätterlosen Äste. Wenige Wochen später werden die Blüten zu über zehn Zentimeter langen Hülsen, ein begehrtes Futter für das Wild.

Auch der Kameldorn, mit dem klangvollen lateinischen Namen *Acacia Erioloba*, hat bis Ende September noch seine gelben Blüten. Dieser schirmartige Baum kann bis zu 18 Meter hoch werden. An seinen Zweigen sitzen paarweise fünf Zentimeter lange Dornen, aber die geschickte lange schwarze Zunge der hochbeinigen Giraffen überwindet auch dieses Hindernis, um an die von ihr geschätzten Blüten zu kommen. Die abgefallenen hülsenartigen Früchte sind dann eine beliebte Nahrung für alle »kurzbeinigen« Tiere.

Der Bergaloe ist verblüht. Seine Hauptblütezeit ist März bis April. Wenn man jetzt in der Trockenzeit die grünen Blätter mit den scharfen braunen Blattrandzähnen sieht, glaubt man kaum, daß diese bis zu drei oder vier Meter hohen Pflanzen zu den Liliengewächsen gehören.

Sie ist sehr alt, die Geschichte der Aloe. Bereits 3000 v. Chr. war die Aloe in Babylon ein heilsames Räuchermittel. In Ägypten wurde der dunkle, bitter schmeckende Saft mit Myrrhe vermischt und zum Einbalsamieren verwendet. Im Mittelalter wurde sie als Heilpflanze in den Klostergärten gezogen. Die Aloe hat eine stark abführende Kraft. Die Buschmänner wissen, daß Tiere die bitteren Aloeblätter fressen, um innere und äußere Parasiten aus ihrem Körper zu vertreiben. Denn das Blut wird dadurch bitter und das Tier von den lästigen Schmarotzern befreit.

Man sagt auch – aber Afrika gibt seine Geheimnisse nicht schnell preis –, daß die Hererofrauen die Aloe gebrauchten, um Geburten zu verhindern. Als das Hererovolk 1904 von den deutschen Schutztruppen besiegt wurde und in das »Sandveld«, die Omaheke, flüchtete, wußten vor allem die Mütter, daß die Wüste ihre Kinder nicht leben lassen würde. Sie verhinderten für die Notzeit das Leben der Ungeborenen. Man sagt, Aloe hilft . . .

Wir halten mit unserem Jeep unter einem Apfelblattbaum. Er ist nur gute vier Meter hoch, aber überschüttet mit Rispen von hellila Blüten. Er hat diese Pracht von September bis Dezember, dann sind seine grauweißen Hülsenfrüchte eine begehrte Tiernahrung.

Mein Safariführer ist ein junger Holländer. Jan van de Reep, geboren in der Blumenstadt Hillegom, hat vor zwölf Jahren die Niederlande verlassen. Damals war er 32 Jahre alt, ein ausgebildeter, gut bezahlter Gärtner. »Es ist so eng, unser Holland. Das Auge stößt an Drähte, Straßen, Häuser. Man ist eingezwängt zwischen Tagesnachrichten, scheinbaren Aktualitäten, man hört dauernd Dinge, die man eigentlich nicht hören will. – Wenn wir morgen zum Sonnenaufgang auf den Signal-Hügel klettern, überblicken Sie einen Umkreis von gut 250 Kilometer. Da gibt es keine Menschen, nur die Etoscha und ihre Tiere und Pflanzen.«

Jan van de Reep stopft sich seine Pfeife. Seine Augen

scheinen am Horizont Dinge zu sehen, die mir hinter dem Gestrüpp verborgen bleiben.

»Hatten Sie nie Bedenken? Ich meine wegen der politischen Unsicherheit?« Meine Frage wischt er mit einer Rauchwolke weg.

»Glauben Sie wirklich, daß Sie 16 000 Kilometer nördlicher auf unserer Erdkugel politisch sicherer sind?«

Er erwartet gar keine Antwort. »Der Anfang war schwer. Ich habe im Krügerpark in der Republik Südafrika gelernt. Ich mußte ganz von vorn anfangen. Dann habe ich mir in den letzten Jahren einen Bus und einen Mercedes für Safarifahrten angeschafft. Ich fotografiere und belausche alles, auch die Steine. Um meinen Betrieb zu vergrößern, halte ich außerhalb der Saison Lichtbildervorträge in den USA. Nach zehn Jahren ernährt mich mein Unternehmen, aber noch keine Familie.«

Ein abschätzender Blick zu mir. »Das ist vielleicht in Ihren Augen nicht viel. Aber das Glück des Lebens kann man nicht in materiellem Besitz messen. – Afrika ist nicht mehr ein Land für Abenteurer. Man muß hier härter und mit mehr Kenntnissen in seinem Beruf arbeiten als daheim. Die vielen sozialen Sicherheitsnetze, die für uns so selbstverständlich geworden sind, gibt es hier nicht. Auch nicht in der reichen Republik Südafrika. Aber nach dem Sinn des Lebens fragt hier keiner mehr, wenn er einmal angefangen hat zu arbeiten.«

In der Wasserstelle vor uns spiegelt sich die schrägstehende Sonne. Es scheint kein Leben rings um uns zu geben. Ohne eine Wort zu sagen, weist van de Reep mit seinem Pfeifenstiel an das linke Ufer. Und dann sehe ich es: ein Damara-Dik-Dik. Es ist das »Steiff-Knopf-im-Ohr-Spielzeug« der Etoschapfanne. Der winzige Bock wiegt fünf Kilo – soviel wie eine Katze –, und seine zierlichen Hufe sind so groß wie ein Fingernagel. An seinen großen, schwarz umrandeten Augen hat er eine Drüse, die ständig eine Flüssigkeit absondert. Dadurch kennzeichnet er sein Revier, das von anderen Dik-Dik-Böcken gemieden wird. Ich sehe sein zierliches Geweih, während er, vorsichtig mit aufgestellten großen Ohren, trinkt.

Kurz nach der Miniatur der Schöpfungsgeschichte kommt ein Fossil unserer Erde. Die vier zwei Meter langen Beine scheinen nicht zu laufen, sondern zu tanzen. Rechtes Vorder- und rechtes Hinterbein bewegen sich gleichzeitig, dann übernimmt die linke Seite die Vorwärtsbewegung. Der Körper schwingt mit wie ein Segelschiff. Nur der kleine Kopf auf dem langen Hals scheint völlig ruhig zu stehen. Er schwebt knapp sieben Meter über dem Erdboden. Die Netzgiraffe vor uns, mit einer auffallenden dunklen Flekkung, ist ein älterer Bulle, ein Einzelgänger, der sich aus dem geselligen Giraffenleben zurückgezogen hat. Seine Silhouette gegen den blasser werdenden Himmel wirkt wie eine Felsmalerei.

Die Griechen und Römer nannten die Giraffe wegen ihrer kamelartigen Gestalt und des leopardenähnlich gefleckten Felles »Kamelpanther«. In Afrikaans heißt sie »kameelperds«. Die Zeichnung des Felles kann das größte Landtier unserer Erde im Geäst des Buschlandes fast unsichtbar machen. In der Bantusprache heißen die Giraffen »Mhlamiti«, größer als die Bäume. Über vierzehn Monate trägt die Giraffenkuh ihr Kind aus. Sie gebiert im Stehen. Aus zwei Meter Höhe fällt das Giraffenkalb dann – ohne Fallschirm – zur Erde. Das Neugeborene wiegt schon gut 60 Kilo, aber es fällt meist so geschickt, daß es die Geburt heil überlebt. Die Giraffenmutter weiß genau, daß Gebären im Liegen für sie und das Kind tödliche Gefahren hat. Mit ihren Füßen erreicht die Giraffe nur stehend über eine Distanz von zwei

Metern jeden Angreifer meist mit tödlicher Wucht. Ihre schwächste Stelle ist ihr langer Hals. Der Löwe kennt seine einzige Chance: eine trinkende Giraffe. Sie kommt nicht so schnell auf ihre sieben Meter Höhe aus der gespreizten Beinstellung. Aber wenn das Raubtier sich erst in ihre Halsarterien verbissen hat, blutet der Gigant schnell aus.

Der Giraffenbulle steht immer noch am Wasser. Seine großen, wäßrigen Augen mit einem Weitwinkelblick beobachten die Umgebung auf eine Distanz bis zu 15 Kilometern. Nach einer Viertelstunde spreizt er die Vorderläufe weit auseinander und senkt seinen Kopf auf die Wasseroberfläche. Er trinkt ganz langsam, ohne jede Hast.

Ein »Sekretär« stolziert am Ufer entlang, hält dicht vor der Giraffe, blickt über die Wasserfläche zu unserem Auto, dann erst trinkt er. Diese großen Vögel laufen mehr, als sie fliegen. Die überlangen Beine haben scharfe Klauen, der Schnabel ist gebogen wie beim Adler. Das Federbüschel auf dem Kopf erinnert an den Gänsekiel, den die menschlichen Sekretäre früher hinter dem Ohr trugen, daher sein Name. Sein ganzes Gehabe erinnert an die gespreizte Art eines Bürokraten.

Jan van de Reep blickt auf seine Armbanduhr: »Wir müssen ins Lager zurück. Die Tore werden pünktlich um 19 Uhr 30 geschlossen.«

Über uns trillert plötzlich ein Rotbauchwürgerpärchen sein eheliches Duett. Wegen seiner schwarz-weiß-roten Farben heißt er auch »Reichsvogel« und wurde zum Wappenvogel von Südwestafrika. Den ganzen Tag sind wir keinen Elefanten begegnet, obwohl wir auf den Sandstraßen und den trockenen Flußläufen ihre Spuren gesehen haben: ihre Losung, die wie übergroße braune Fußbälle auf dem Boden lag, und die »Spazierstöcke«, das sind lange Zweige, die von den Dickhäutern abgerissen und dann spielerisch wie ein »Spazierstock« vom Rüssel hin und her geschwenkt werden.

Wir biegen von der Wasserstelle Rietfontein nach Halali ab. Die Sonne steht wie ein rotes Gestirn hinter den kahlen Bäumen. Eine Zebraherde zieht fast lautlos an uns vorbei. Die schwarzen Streifen scheinen die Tierkörper aufzulösen und in Äste eines wandernden Waldes zu verwandeln.

Jan bremst. Ich sehe sie erst, als sie wie fremde Götter neben unserer Straße ziehen. Wir zählen lautlos, 15, 17, 23 Elefanten, darunter sechs Jungtiere.

Wer zum ersten Mal Elefanten in der Freiheit erlebt, schämt sich unbewußt ihrer Brüder und Schwestern, die in Zoos und Zirkussen ihr Leben verbringen müssen. Diese größten und schwersten Landsäugetiere schreiten völlig lautlos. Das elastische Polster unter den Fußknochen fängt das Gewicht von sieben Tonnen, 140 Zentnern, schalldicht auf. Das Leittier wendet sich mit seiner Vorderseite und weit ausgestellten Ohren und erhobenen Stoßzähnen in unsere Richtung. Während es unbeweglich aus den überraschend kleinen Augen zu uns blickt, zieht die Herde im Schutz seiner Angriffsstellung an uns vorbei. Es ist eine alte Elefantenkuh. Eines von den Wundern des Elefantenlebens: Nicht der junge, körperlich stärkere Bulle, sondern ältere Kühe, die nicht mehr Mutter werden, tragen die Verantwortung für die Herde. Aus ihrem oft 50jährigen Leben wissen sie, wo Wasserstellen, Futterplätze und Feindreviere sind. In einem Gebiet so groß wie Bayern kennen sie jeden Busch, wissen um getarnte Fallgruben, riechen die Dürre im voraus und umgehen heimtückische, plötzlich entstehende Sümpfe. Es gehört wohl zur Klugheit der Elefanten, daß der stärkere Bulle nie die bedeutend ältere schwächere Leitkuh angreifen oder verjagen wird. Sie scheinen zu wissen, daß Erfahrungen zum Überleben wichtiger sind als das sogenannte Recht des Stärkeren.

Der Tierschriftsteller Vitus B. Dröscher berichtet von

einem Erlebnis mit Elefanten in einem Naturschutzpark von Sambia: »Wildhütern war aufgefallen, daß eine Elefantenherde, die aus zwölf erwachsenen Weibchen und vier Jungtieren bestand, von einer Leitkuh angeführt wurde, in deren unmittelbarer Nähe sich stets ein oder zwei andere Tiere aufhielten. Das war ungewöhnlich, weil normalerweise die ›Chefin‹ als Respektsperson auf Abstand zum übrigen Volk bedacht ist. Die nähere Untersuchung zeigte aber, daß die Elefantin nicht nur mit rund 60 Jahren eine wahre Greisin, sondern überdies auf beiden Augen total erblindet war. Dennoch führte sie das Regiment der Riesinnen!

Als sie später gestorben war, folgten in ihrer Herde Wochen der Unsicherheit und Entschlußlosigkeit. Niemand traute sich die Führung zu. Die Tiere blieben beieinander, unternahmen aber nichts. Langsam wurde die Leitung einem Tier praktisch aufgedrängt, indem alle nun das nachmachten, was dieses tat. Das Beispiel zeigt den hohen Überlebenswert, den ältere Tiere aufgrund ihres Erfahrungsschatzes für ihre Gemeinschaft besitzen, und wie dieser auch von anderen Mitgliedern anerkannt wird.«

Wohin hat uns unsere Weisheit geführt, die von dem Vorrecht der Jugend gegenüber dem »Alter auf dem Abstellgleis« überzeugt ist?

Ich wünsche, daß die Minuten Stunden dauern würden. Dieses große alte, faltenreiche Gesicht vor mir wirkt wie ein Monument aus grauem Basalt. Aber die Ränder der riesigen Ohren vibrieren. Der Rüssel zielt mit kleinen Schlangenbewegungen in unsere Richtung.

Plötzlich wirbelt der rechte Vorderfuß der Leitkuh Staub auf, sie senkt den Turmschädel, und blitzschnell klatscht der Rüssel auf ein Jungtier, das sich von der Herde getrennt hatte und voller Neugier auf unseren Wagen zulief. Das halb weinerliche, halb empörte helle Quieken ist der einzige Laut bei dieser Aktion. Das Riesenbaby von knapp drei Zentnern galoppiert mit wehenden Ohren unter die Beine seiner Mutter. Sie bestraft es nicht, denn sie weiß, daß der Schlag der Leitkuh klug und genügend war. Den Abschluß bilden drei männliche Jungtiere. In respektvoller Entfernung von der Leitkuh vollführen sie Drohgehabe in unserer Richtung. Sie beherrschen schon alle Tricks der Halbstarken. Aber richtig stark werden sie erst, wenn sie ihre Mütter verlassen müssen, um sich einer neuen Herde anzuschließen. Der Beweis ihrer Stärke liegt noch vor ihnen.

Nicht einmal hat die Leitkuh sich umgeblickt. Aber Geruch und Gehör der Elefanten sind vortrefflich ausgebildet. Als das letzte Tier gute 50 Meter hinter ihrem Rücken vorbei ist, rollt sie den Rüssel ein und geht mit weit ausgreifenden Schritten ihrer Herde nach. Jeder macht ihr Platz, bis sie wieder an der Spitze steht.

Seltsam, man hört nicht einmal knackende Zweige. In wenigen Minuten hat der Busch die grauen Panzer verschluckt.

Was würde ich darum geben, einmal die Geburtsstunde eines Elefanten mitzuerleben. 20 bis 24 Monate dauert die Tragezeit. Ein Bullenkalb soll meist zwei Monate länger ausgetragen werden als ein Kuhkalb. Wenn die Elefantin merkt, daß ihre Stunde naht, sondert sie sich von der Herde ab. Eine gerade kinderlose Kuh begleitet sie. Im Gegensatz zur Giraffe muß der Elefant sich zur Geburt niederlegen. Die trächtige Kuh und die andere Elefantin, die von den Eingeborenen »Tante« genannt wird, säubern jetzt eine runde Fläche von allen Pflanzen und Ästen, die wie ein Schutzwall um die Wochenstube geschoben werden. Die Herde bleibt in der Nähe, ohne die künftige Mutter zu stören. Wenn die Wehen einsetzen, bleibt die Mutterkuh liegen, während die »Tante« die gesamte Umgebung immer wieder überblickt. Während der Geburt kauert die Mutter. Das Junge wird mit zwischen den Vorderbeinen eingeklemmtem Kopf zur Welt gebracht.

Zuerst erscheint der breite Nacken. Wenn das Junge den mütterlichen Leib verlassen hat, ist es bereits einen Meter groß und 100 Kilo schwer. Die Mutter verwischt sofort alle Zeichen einer Geburt. Damit will sie der Witterung der Großkatzen zuvorkommen, die die einzigen Feinde eines jungen Elefanten sind. Inzwischen kümmert sich die »Tante« um das Kleine. Nach zwei bis drei Stunden steht das Riesenbaby auf seinen Beinen und folgt hautnah seiner Mutter, die für ihn wie ein wandelnder Berg wirken muß. Aber die vollen Brüste zwischen den Vorderbeinen findet es schnell. Doch trinken zu lernen ist schwer. Immer wieder kommt es zu Schwierigkeiten mit dem Rüssel und dem spitzen Mäulchen. Wer ist für was da?

Ich habe in Indien einmal über Wochen ein Elefantenjunges beobachtet, das am Flußufer stand und mit dem Rüssel trinken wollte. Noch wußte es nicht, daß es mit dem Rüssel Wasser in sein Maul werfen konnte. Verzweifelt kniete es sich nieder, um mit hochgerolltem Rüssel das Wasser mit seinem Maul zu schlürfen.

Als ich mich halb totlachte, runzelte es die gewaltige Stirn, rumpelte mich mit seinen zwei Zentnern an und war über Stunden beleidigt. Sie sind sehr zart besaitet, die Riesen – die kleinen Tiere haben eine viel dickere Haut.

Zwei Jahre wird das Junge gesäugt, dann bleibt es bis zu seinem sechsten Lebensjahr dicht bei der Mutter, die bereits wieder empfangen hat. Bis zur Geschlechtsreife, die zwischen 12 und 14 Jahren liegt, lernen die Kinder von den Müttern. Dann werden sie selbständige Mitglieder der Herde. Damit unterliegen sie auch deren strengen Gesetzen – die Freiheit der Jugend ist beendet.

Das normale Marschtempo eines Elefanten liegt bei 5–7

km/h. Sie können aber auch 20 km/h über eine kurze Distanz durchhalten. Angreifende Elefanten bringen es mühelos auf 35–40 km/h. Sie brauchen wenig Schlaf, höchstens drei Stunden. Aber vom späten Nachmittag bis zum nächsten Vormittag ziehen sie äsend durch den Busch. 100 Liter Wasser und 5–6 Zentner Grünfutter sind der tägliche Bedarf eines Elefanten.

Elefanten sind ausgezeichnete und schnelle Schwimmer. Der Rüssel ragt dabei wie ein Schnorchel über Wasser. Der afrikanische Elefant erreicht eine Schulterhöhe bis zu vier Metern, eine Länge von acht Meter und ein Gewicht von sieben Tonnen. Beide Geschlechter tragen Stoßzähne, die bis zu zweieinhalb Meter lang werden und 70 Kilo wiegen können. Doch der Afrikaner hat sich durch die Menschen nicht zähmen und zum Arbeitstier abrichten lassen wie die indischen Elefanten. Der Inder lebt im tropischen Regenwald, wird drei Meter hoch, sieben Meter lang, aber nur die Bullen haben Stoßzähne. Sie sind geschickte Arbeitstiere in den großen Wäldern.

Die afrikanischen und indischen Elefanten haben das bestentwickelte Gehirn aller Säugetiere. Es wiegt ungefähr fünf Kilo. Wer ist nun klüger? Der wilde Afrikaner oder der gebändigte Inder? Wenn man die Menschen beider Kontinente fragt, so blickt der Elefant Afrikas auf den indischen voller Verachtung – die gleiche Einstellung ist in Indien. Irgendwie kommt mir das menschlich vor!

Am Lagertor von Halali müssen wir 80 DM Strafe zahlen. Wir sind 30 Minuten über der Zeit. Die afrikanische Nacht gehört, ungestört von Menschen, den Tieren. Ich hätte für die Begegnung noch mehr gezahlt.

Ich bewohne ein Rondavel, das ist eine strohbedeckte Rundhütte, wie sie die Ovambos bauen. Dazu gehören ein Schlafzimmer, Wohnzimmer, Bad und Toilette, alles mit runden Wänden, Moskitonetze vor den Fenstern und draußen ein offener Feuerplatz.

Man kann in den drei großen »Rest Camps« am südlichen Rand der Etoschapfanne – Okaukuejo, Halali, Namutoni – selbst kochen oder das Restaurant innerhalb der Campingplätze besuchen. In den kleinen Selbstbedienungsläden gibt es vom Souvenir bis zum Brennholz alles.

Wir machen heute abend »Braaivleis«. Ein Gericht, so alt wie die Geschichte der Buren, die um 1800 vom Kap nach Norden treckten. »Braaivleis« ist weiter nichts als der Vorläufer unserer Grillspezialitäten aus modernen, holzkohlegefüllten Grillgeräten. »Braaivleis«, übersetzt Bratfleisch, kann delikat, aber auch problematisch sein. Ich war vor Jahren bei einem »Braaivleis« in Omaruru. Das vielgepriesene Kudu-Steak war einer Schuhsohle vollkommen ähnlich. Wahrscheinlich war der Kudu der Stammesälteste gewesen!

Wir haben heute Lamm – eine Köstlichkeit in Südwest –, dazu Bratwürste aus der deutschen Fleischerei in Windhoek, Weißbrot und Rotwein vom Kap. Den hat sich bereits Friedrich der Große an den Hof von Berlin bestellt.

Jan bringt zu unserer Feuerstelle noch eine englische Familie vom Nachbar-Rondavel und zwei Südafrikaner vom Zeltplatz mit. Wir hocken um das Feuer. Der Fleischgeruch ist verführerisch. Der Rotwein schmeckt auch aus Pappbechern. Die Sprache wechselt zwischen Deutsch und Englisch, das Thema bleibt dasselbe: die Tiere, die Etoscha.

Während ich meinen Lammknochen abnage, denke ich erschrocken: in 24 Stunden sprechen wir daheim während einer Empfangsparty über Streiks, Morde, Wahlkämpfe, Arbeitslosigkeit, Aufrüstung, Empfängnisverhütung, geplante Sommerreisen, Benzinpreise, Hausbesetzer und Atomkraftgegner. Was haben wir uns für eine Welt geschaffen? Eine Welt, die wir unter allen Umständen verkaufen müssen, damit wir sie erhalten.

Der Himmel über Afrika neben unserem Feuerschein ist pechschwarz mit weit entfernten goldenen Sternen. Rings um uns ist die Etoscha. Ein Nationalpark von der Größe der Schweiz, wo die Menschen lernen und die Tiere herrschen. Der Mittelpunkt der Etoscha ist ein riesiger Salzsee aus Lehm, eine schüsselförmige, 6000 Quadratkilometer große Senke.

Vor einigen Jahren startete ich mit einem Hubschrauber von Okaukuejo zu einem Flug über die Salzpfanne, die das ganze Jahr wie ein Spiegel das Sonnenlicht reflektiert. Wir stiegen bis auf 1500 Meter Höhe. Unter uns lag ein riesiger ovaler Quecksilberspiegel, der heller war als der Himmel über uns. Das Wort Etoscha hat viele Bedeutungen: »Ort des trockenen Wassers«, »Fata-Morgana-Trugbild«, »Ondundozonananandana«, der Ort, wo Kälber hingingen und niemals wiederkehrten. Trotzdem ist die Etoschapfanne eine gigantische Arche Noah.

Als wir 2000 Meter über dem Salzsee in der Luft stehen blieben, erinnerte mich die längliche Form immer mehr an ein Basiliskenauge. So schnell sich unsere Rotoren auch drehten, wir schwirrten wie ein lächerliches Insekt im Blick des Wüstenauges. Wären Himmel und Etoschapfanne zusammengeklappt wie eine Auster, hätten wir nur zwei Möglichkeiten gehabt: zu sterben oder eine Perle zu werden.

Der Nationalpark Etoscha grenzt im Westen an das dünn besiedelte Kaokoveld und im Norden an das dicht besiedelte Ovamboland. Im Süden liegen die Farmen weißer Viehzüchter. Nur zwei Straßen führen in die Etoscha: die eine kommt von Grootfontein, Tsumeb nach Namutoni, die andere von Otjiwarongo über Outjo nach Okaukuejo. Ungefähr 1200 Kilometer Sandstraßen durchziehen das Schutzgebiet. Das Tempolimit liegt bei 25 km/h. Für Afrika ist die Etoscha eine Winzigkeit. Aber wir Menschen sind die Einzelgänger in dieser Landschaft, die vor 12 Millionen Jahren entstand, weil ein Fluß seinen Lauf veränderte. Das Land gehört denen, die vor uns waren.

Unser Feuer ist niedergebrannt. Im Lager bewegen sich Menschen, ohne zu sprechen, in Richtung Wassertümpel. Ein sanft goldenes Scheinwerferlicht beleuchtet den flachen, künstlichen See. Die Menschen an der brusthohen Mauer schweigen, denn sie warten auf ein Tier: das weiße Rhinozeros. Es ist nicht weiß, sondern grau. Aber Farbe oder Laute sind für seine Erscheinung völlig unwichtig.

Als ich es vor zwei Jahren nach Mitternacht zum ersten Mal erlebte, war es mir, als begegnete ich einem Lebewesen von fremden Sternen. Der lederne Koloß auf den vier kurzen Beinen mit seinen zwei Hörnern über dem wuchtigen Breitmaul stampfte zum Seeufer, senkte den gewaltigen Schädel, dessen Gehirnmasse im Gegensatz zum Elefanten dem einer Maus entspricht, und trank. Kein Laut, nur dieses breite Schmatzen. Ohne Hast stampfte der altertümliche Großsäuger in den dunklen Busch zurück. Erschöpfte Menschen verschiedenster Nationen gingen zufrieden in ihre Hütten. Sie hatten einen künstlich beleuchteten Blick auf Afrika geworfen – die Wirklichkeit wäre dunkel gewesen –, aber sie hatten etwas von diesem uralten Erdteil gespürt.

Ich will morgen gegen 5 Uhr früh mit Jan auf die beiden Hügel, die »Tweekoppies«, steigen und dann zum Abschied auf die Salzpfanne hinausfahren.

Unser Feuer ist fast abgebrannt. Der Kaprotwein gibt einem das Gewicht der Erde. Aber die sternenklare Nacht verschenkt Flügel. Jan hat seine Gitarre geholt. Ich weiß nicht, wer der erste war, aber plötzlich singen wir in drei Sprachen das Südwesterlied:

»Hart wie Kameldornholz ist unser Land
und trocken sind seine Riviere.
Die Klippen, sie sind von der Sonne verbrannt
und scheu sind im Busche die Tiere.
Und solltet ihr uns fragen:
Was hält Euch hier fest?
Wir könnten nur sagen: Wir lieben Südwest.
Doch unsere Liebe ist teuer bezahlt,
trotz allem, wir lassen dich nicht.
Und kommst du einst selber in unser Land
und hast seine Weiten gesehen,
und hat uns're Sonne ins Herz dir gebrannt,
dann kannst du nicht wieder von hier gehen.«

Diese »nichtamtliche« Nationalhymne entstand erst 1957. Ich habe oft erlebt, wie das Lied von Menschen aller Rassen gesungen wurde. Warum sollen nicht Deutsche diesem riesigen Land mit einer knappen Million Einwohner ein Lied gegeben haben, das nur von der Liebe zur »Heimat« spricht? Kann »Namibia« eine bessere Nationalhymne haben?

Das Staatswappen von Südwestafrika wurde 1957 entworfen.

1957 wurde das Staatswappen von Südwestafrika eingeführt. Die UNO, die Frontstaaten, die SWAPO, sie alle lehnen es höhnisch ab. Aber sie wollen den Reichtum des Landes. In dem Wappen stehen die Werkzeuge für Bergbau, die geometrischen Figuren für Diamanten. Der Kopf eines Rindes und eines Schafes symbolisieren die Viehzucht. Die drei typischen Wildtiere des Landes, Kudu, Oryx und Springbock, umrahmen das Wappen. In der oberen Leiste fliegt der deutsche Reichsadler . . .

Geschichte läßt sich nicht ausradieren! Rechts neben dem Adler steht das Steinkreuz des portugiesischen Seefahrers Diego Cão, der 1484 als erster Europäer an der Küste landete, und links die Silhouette des deutschen Forts Namutoni, wo sich am 28. Januar 1904 sieben deutsche Reiter gegen 500 angreifende Ovambos siegreich verteidigten.

Die Fahne der SWAPO ist blau-rot-grün. Blau als Symbol des Meeres, Rot als Symbol für die Opfer des Freiheitskampfes und Grün für das Land mit seinen Bodenschätzen.

Der Präsident der SWAPO, Sam Nujoma, sagt: »Namib bedeutet in der Sprache der Nama soviel wie Schild, unüberwindliches Hindernis. Die Namib war für die Kolonisten eine Sperre, vom Meer aus ins Land vorzudringen. Die Wüste bildete für die afrikanischen Völker einen Schutz. So ist der Name ›Namibia‹ Ausdruck unseres Willens, unsere Selbstbestimmung gegen feindliche Einflüsse zu erlangen und zu bewahren.«

Aber Sam Nujoma, der von unserem Außenminister Genscher mit weit geöffneten Armen vor dem deutschen Fernsehen empfangen wurde, erklärte auch: »Unser Hauptziel wird die kompromißlose Zerstörung aller Einrichtungen und Institutionen sein, die Rassismus, Apartheid und rassistische Diskriminierungen verbreiten, fördern und unterstützen. Wir werden auch die weißen Siedler entmachten, die die Afrikaner ausbeuten und unterdrücken. Wir werden alle Naturreichtümer unseres Landes unter Kontrolle nehmen. Wir werden kostenlose Schulausbildung für alle Kinder einführen. Wir werden die medizinische Betreuung sichern und die Bereitstellung von Krankenhausplätzen und Medikamenten garantieren. Wir werden der kapitalistischen Ausbeutung ein Ende setzen und die Ausbeutung des Menschen durch den Menschen beseitigen. Die SWAPO wird vor allem mit befreundeten Ländern Beziehungen aufnehmen, wie der Sowjetunion und der Deutschen Demokratischen Republik.«

Irgendwo schreit eine Hyäne. Ich kann den aufgehenden Mond nicht sehen, aber sein Licht füllt mein Zimmer wie überkochende Milch. Grillen wetzen ihre Flügel, ihre Arbeit wird zu Musik.

Ich bin eingebettet – im wörtlichen Sinne – in eine Welt, die mir fremd bleiben wird. Tausende von Kilometern bin ich durch Afrika gefahren. Ich war begeistert, erschüttert, mitgerissen und abgestoßen. Es wird mich wohl nie loslassen, aber auch nie in sich aufnehmen. Vielleicht muß der Weiße ganz zu sich selbst finden, um mit Afrika leben zu können.

Ich fröstle, während ich mir vor Sonnenaufgang einen Tee koche. Afrika ist ein kaltes Land unter einer heißen Sonne!

Der Übergang von der Mondnacht zum Tag ist ein zartblauer Himmel, davor die schwarzen Äste kahler Bäume und zwischen den Steinen dunkelblaue Schatten wie die indigoblauen Stoffe der Tuareg aus der Sahara.

Bei uns daheim geht die Sonne golden auf. Hier zerteilt sie als blutroter Kern die nachtblauen Wolken am Horizont. Aus dem Rot wird ein Violett. Der Riesenballon steigt langsam, aber unaufhaltsam. Als wäre ein unsichtbarer Schmied am Werke, beginnt der obere Sonnenrand golden zu glänzen.

Die Schatten verlieren ihr Blau, das Licht scheint keine Geheimnisse mehr zu kennen, der goldene Ball der Sonne bestimmt unseren Tag.

Wir fahren zum Abschied fast acht Kilometer in die Etoschapfanne. Der »Ort des trockenen Wassers« ist nur an wenigen Stellen für einige Kilometer befahrbar, denn der Lehmboden mit seiner pudrigen Staubschicht kann sich nach wenigen Metern in eine sumpfige Falle verwandeln, die den Wagen nicht mehr freigibt.

Wir sitzen ganz still im Jeep. Die blaugrünen Algen verfärben die Etoscha am Horizont in ein küstenloses Meer. Vor uns sind zwei Wasserstellen mit brackigem türkisfarbenem Wasser.

Es ist vollkommen still. Die einzige Bewegung kommt von der Luft, die sich über der Pfanne erwärmt und nach oben steigt. Man erkennt an dem unruhigen Flimmern, welche Kraft sich über der Salzpfanne entwickelt.

Präziser als jede Stoppuhr hat das Geierpaar, es sind Weißrückengeier, die ihr Nest auf dem hohen Ahnenbaum haben, seine beste Startzeit wahrgenommen. Mit der aufsteigenden Warmluft schwingen sie ihre schwerfälligen, plumpen Körper in die Luft. Wie eine unsichtbare Wendeltreppe trägt sie der Sog nach oben. Aus einer Höhe von 1000 Meter halten sie dann Ausschau nach Kadavern.

Die Pfanne vor uns steckt voller Geheimnisse. Tausende von Pelikanen brüten in der wasserlosen, heißen Ebene. Die weiße Wüste ist ihr Schutz vor Feinden, aber sie gibt weder Wasser noch Fische. Der nächste See, der Oponono im Nordwesten, ist 100 Kilometer entfernt. Der Hin- und Rückflug würde so viel Kraft kosten, daß alle aufgenommene Nahrung verbraucht würde. Aber die aufsteigende Warmluft über der Salzpfanne übernimmt den Transport der großen weißen Pelikane, die Meister im Gleitflug sind.

Während ein Elternteil im Nest bleibt, fliegt der Partner am Tag über 100 Kilometer zum Oponono und kommt am nächsten Tag mit prall gefülltem Magen zurück.

Biologen haben ausgerechnet, daß während der viermonatigen Brutzeit über 1000 Tonnen Fisch zu der Pelikankolonie über eine 200 Kilometer lange Luftbrücke gebracht werden.

Rätselhaft ist das Leben der rosa gefiederten Vögel in der Etoscha. Die Flamingos legen nur ein Ei. Sie berechnen ihren Flug nach den Sternen und ihre Brutzeit nach den Regenfällen. Wenn sie spüren, daß der Regen ausbleibt, bauen sie nur die Nester, verschieben das Brüten aber auf einen späteren Termin. Nach vier Wochen schlüpft das Junge aus. Es hat einen Pelz aus weißen Daunenfedern, der sich nach einem Monat hellgrau einfärbt. Unermüdlich fressen die großen Vögel Salzfliegenlarven und kleine Krebse. Im Schlund des Flamingos bildet sich daraus ein roter Saft aus Eiweiß, Fett und Kohlehydraten, der den gleichen Nährwert hat wie Milch. Über einen Viertelliter bekommt das Küken täglich. Dann beginnt der Kampf ums Überleben. Das Wasser geht immer mehr zurück. Oft wandern die noch nicht flüggen Jungen über 100 Kilometer durch die Salzpfanne, stets mit Wasser und Nahrung durch die Eltern versorgt. Wer diesen Gewaltmarsch übersteht, wird nach drei Monaten flugfähig von dem großen Schwarm aufgenommen.

Vor Jahren wurden Tausende von Flamingos in der westlichen Etoschapfanne von der plötzlichen Dürre überfallen. Das Salz der rasch austrocknenden Lagune setzte sich an den stelzenähnlichen Beinchen der Jungtiere fest. Die schweren Krusten verhinderten jede Bewegung. Tausende gingen qualvoll zugrunde. Auch die Elternvögel konnten nicht helfen. Wildhüter retteten über 40 000 junge Flamingos und vertrieben Tausende aus dem gefährlichen Gebiet.

Die Sonne steht schon zwei Hände breit über dem Horizont. Jetzt kommen die Tiere in vielen schwarzen Linien über die Salzfläche zu den Wasserstellen gezogen. Zehntausende sind unterwegs. Bei den Zebraherden nicken immer nur die Köpfe mit den senkrecht stehenden schwarz-weißen Mähnen. Dagegen vollführen die Gnus Bocksprünge wie die Clowns im Zirkus. Ohne jeden Anlaß keilen sie aus, senken den breitschädligen Kopf und stürmen davon. Der Jäger Cornwallis Harris beschrieb das Gnu treffend: »Von allen Vierfüßlern ist das Gnu sicher das Tölpelhafteste und Komischste. Mutter Natur schuf es zweifellos in einer ihrer Launen, und es ist kaum möglich, seine unelegante Gestalt anzuschauen, ohne lachen zu müssen.«

Wie Götterköpfe auf Tierleibern wirken die Oryx-Antilopen. Meterlange, säbelartige Hörner stehen über einem Gesicht, das aus geometrischen schwarzen und weißen Feldern zusammengesetzt ist.

Kraniche schreiten zwischen den Zebras zur Wasserstelle. Sie wirken wie kostbare Vögel aus massivem Silber gegossen. Springböcke benetzen ihre Vorderhufe vorsichtig im Wasser, senken die horngeschmückten weißen Köpfe mit den übergroßen schwarz umrandeten Augen und trinken dann so elegant wie Damen, die beim Teetrinken den kleinen Finger graziös abspreizen.

Ich habe immer wieder staunend beobachtet, wie die riesigen Herden, die alle durstig sind, ohne zu drängeln, einer nach dem anderen, das kostbare Wasser trinken. Wieviel Würde!

Nur einer hat das Vorrecht, sofort sich den Bauch mit Wasser vollzuschlagen: der Löwe. Durch das fahlgelbe, meterhohe Riedgras kommen zwei männliche Tiere. Ihre Bäuche hängen tief. Lefzen und Vorderpfoten sind noch rotbraun von getrocknetem Blut. Wir haben bei der Ausfahrt ein gerissenes Zebra gesehen. Es war eine tragende Stute; weil sie schwerfälliger im Fluchtgalopp war, fiel sie zwei Löwinnen zum Opfer. Die Jäger sind meist die weiblichen Tiere eines Rudels, die erste Mahlzeit gehört den Löwen, erst dann können Löwinnen und Jungtiere sich sättigen.

Die Zebraherde scheint instinktiv zu wissen, daß die beiden Löwen satt sind. Ohne Scheu nähern sie sich wieder der Wasserstelle. Das eine Tier hat eine fast schwarze Mähne, die Bauchhaare und die Haare am Ellbogengelenk sind ebenfalls dunkel. Beide Großkatzen hocken sich nieder und saufen mit dem schmatzenden Geräusch aller Katzen.

Jan reicht mir das Fernglas und deutet nach links. Ich entdecke nichts: Gräser, zwei Büsche mit langen Schatten. Immer mehr versuche ich, den Ausschnitt im Fernglas zu durchdringen. Da, eine Bewegung! Wie ein Bambusrohr mit schwarzem Federbüschel zittern Gräser. Es sind die aufrecht stehenden Schweife zweier Löwinnen. Die Tarnung ist perfekt. Ihre Entfernung zu den beiden männlichen Tieren wird immer kleiner. Eine Löwin schnellt vor, springt federnd über den Sand und wirft sich vor den beiden Löwen auf den Rücken. Schnurrend reibt sie ihren goldbraunen Kopf auf der Erde.

Der eine Löwe richtet sich auf und gähnt. Die zweite Löwin kommt wie ein goldener Blitz. Das gleiche Spiel: Locken, sich anbieten, sanftes Knurren, dazwischen wütendes Peitschen des Schwanzes. Aber – die beiden männlichen Löwen sind satt und träge. Ohne die goldenen Schönheiten eines Blickes zu würdigen, trotten sie in den Schatten des Dornenbusches – und schlafen. Ich möchte wissen, wie das Wort »Frustration« in der Löwensprache heißt!

Es ist Zeit zum Abschiednehmen. Auf dem kleinen Flughafen von Halali wartet unsere Sportmaschine zum Flug nach Windhoek.

Über dem alten Fort Namutoni drehen wir eine tiefe Schleife. Heute ist es eines der schönsten Rasthäuser im Etoscha-Naturschutzpark. Früher war es eine Festung der deutschen Schutztruppe. Das schneeweiße Fort mit vier quadratischen Türmen liegt völlig frei in der tischebenen Landschaft. Am 28. Januar 1904 überfielen 500 Ovambos die Festung, in der nur sieben deutsche Soldaten lagen. Die gesamte Garnison war ausgerückt, um weiter südlich die Angriffe der Herero abzuwehren. Woher die sonst friedlichen Ovambos Waffen und Munition bekamen, bleibt im Dunkel der Geschichte. Nach einer zehnstündigen Schlacht wurden die Ovambos zurückgeschlagen von sieben Soldaten, die weder Kanonen noch Maschinengewehre besaßen.

Über den fast 2000 Meter hohen Waterberg fliegen wir nach Süden. Ich nehme eine Geschichte von den Buschmännern mit. Auf Afrikaans heißen sie die Bosjesman, das sind Leute, die hinter den zusammengeflochtenen Zweigen wohnen. Es ist eine kluge Geschichte von einem der ältesten Völker unserer Erde. In Südwestafrika wurden nach Messungen der Radio-Carbon-Methode menschliche Spuren gefunden, die 50 000 bis 60 000 Jahre alt sind. Das Jäger- und Sammlervolk der Buschleute, deren Ursprung bis heute unbekannt ist, gehörte dazu. Mit ihren Felsmalereien und Gravierungen sind sie die einzige Volksgruppe im südlichen Afrika, die eine künstlerische Tradition geschaffen hat. Ob ihre Malereien geschichtliche Zeugnisse sind, konnte bis heute nicht eindeutig geklärt werden. Das Volk der »San«, wie die Buschleute sich selbst nennen, erlebt gegenwärtig den eigenen Untergang. Wir alle verlieren damit die letzten Zeugen der ersten menschlichen Kulturstufe.

Die Geschichte aus der Buschmann-Überlieferung ist folgende: Es gab einmal eine magische Zeit, wo Menschen und Tiere eins waren. Damals regierte ein Schelm als Gott. Sein vertrauter Diener war eine Riesentrappe. Als die Herrschaft dieses Gottes zu Ende ging, folgte die Trappe seinem Befehl und gab jedem Tier ein anderes Aussehen. Sie entfachte ein Feuer und legte verschiedene Brenneisen hinein. Dann begann sie dem Zebra die Streifen einzubrennen, der Giraffe das Netzmuster, dem Leoparden seine Flecken. In mühseliger Arbeit bekam jedes Tier sein typisches Zeichen. Auch die Menschen. Und die alten Buschmänner erzählen dann den Jungen: Zuvor, lange zuvor gehörten wir alle zusammen, aber seither lebt jeder nach seiner Art. Und das ist gut so.

War Gott damals ein Schelm? Oder glauben wir Menschen nur klüger zu sein als Gott?

GESCHICHTSDATEN

1485
Der portugiesische Seefahrer Diego Cão erreicht die Küste Südwestafrikas. Nördlich der Mündung des Swakop errichtet er bei Cape Cross ein Kreuz.

1487
Bartolomëu Diaz landet in Angra Pequena, der heutigen Lüderitz-Bucht.

16. Jahrhundert
Hererostämme wandern von Norden und Osten in das Gebiet von Südwestafrika ein.

17. Jahrhundert
Europäische Seefahrer erforschen das Küstengebiet. Walfänger laufen das Gebiet um Walvis-Bay an.

18. Jahrhundert
Herero ziehen nach Süden und stoßen auf die Betschuana im heutigen Gebiet von Okahandja.

1800
Hottentotten wandern über den Oranjefluß nach Südwestafrika ein. Sie siedeln in Bethanien, Gobabis und Gibeon. Sie sind bereits mit europäischer Zivilisation und Feuerwaffen vertraut.

1830
Zusammenstoß der Herero mit den Hottentotten südlich des

Swakop. Jonker Afrikaner besiegt die Herero und drängt sie über den Swakop zurück. Die Hottentotten besiedeln jetzt das Gebiet um Windhoek.

1805–50
Beginn der Missionsarbeit. Londoner Mission in Warmbad, Bethanien. Rheinische Mission in Groß-Barmen, Walvis-Bay, Otjimbingwe.

1863
Beginn des sogenannten »siebenjährigen Krieges« zwischen Herero und Hottentotten.

1868
Hererohäuptling Maharero zieht sich nach Okahandja zurück.

1870
Der »Missionsfrieden« wird zwischen Herero und Hottentotten hergestellt. Die Herero beginnen seßhaft zu werden. Zu dieser Zeit leben ungefähr 150 Europäer in Südwestafrika.

1871
Die Finnische Mission beginnt ihre Arbeit im Ovamboland.

1872
Baster aus der Kapprovinz siedeln unter Kapitän Hermanus van Wyk in Rehoboth.

1874
Ein Burentreck aus Transvaal versucht im Kaokoveld zu siedeln. Die Herero befürchten eine Vermehrung der weißen Einwanderer.

1878
Das Gebiet von Walvis-Bay wird von Großbritannien als Lande- und Versorgungsstation in Besitz genommen.

1880
Erneuter Ausbruch der Kämpfe zwischen Herero und Hottentotten.

1883
Heinrich Vogelsang erwirbt als Vertreter des Bremer Kaufmanns Lüderitz von dem Hottentottenhäuptling Josef Fredericks von Bethanien die Bucht von Angra Pequena. Wenig später wird das Küstengebiet vom Oranje bis zum 22. Grad südlicher Breite (Cap Cross) erworben.

1884
Die Erwerbungen von Lüderitz werden unter den Schutz des Deutschen Reiches gestellt.

1885
Gründung der Deutschen Kolonialgesellschaft für Südwestafrika. Die Hottentottenhäuptlinge, die Herero und die Rehobother-Baster schließen Schutzverträge mit dem Deutschen Reich.

1886
Abkommen zwischen dem Deutschen Reich und Portugal über die Nordgrenze von Südwestafrika. Lüderitz bleibt nach einer Erkundungsfahrt auf dem Oranje verschollen.

1888
In Otjimbingwe wird das erste Postamt eröffnet.

1889
Hauptmann Curt von François landet mit 21 Mann Schutztruppen in Walvis-Bay.

1890
François erreicht Windhoek und legt am 18. Oktober den Grundstein zu der Festung, heute »Alte Feste«. Im selben Jahr Festlegung der Ostgrenzen von Südwestafrika durch einen Vertrag zwischen dem Deutschen Reich und England. Reichskanzler Leo Graf von Caprivi tauschte Sansibar gegen Helgoland. In dem Vertrag wurde auch der »Caprivi-Zipfel« vereinbart, der die Nordgrenze von Südwestafrika mit dem Oberlauf des Sambesi verbindet.

1891
Windhoek wird amtlicher Sitz des deutschen Kommissariats. Fast 700 Europäer leben jetzt in Südwest.

1892
Herero und Hottentotten verbünden sich gegen die weißen Einwanderer.

1893
François greift den Hottentottenhäuptling Hendrik Witbooi erfolglos an.

1894
Das Deutsche Reich schickt Major Leutwein nach Südwestafrika. Er löst François ab und gründet die erste Militärstation. Hendrik Witbooi wird bei Naukluft besiegt und stellt sich jetzt unter deutsche Schutzherrschaft.

1896
Die katholische Mission beginnt ihre Arbeit. Im Osten stehen die Herero und Hottentotten gegen die Deutschen auf.

1897
Ausbruch der Rinderpest, die das ganze südliche Afrika verseucht.

1898
Leutwein wird erster Gouverneur von Südwestafrika.

1901
Burenflüchtlinge aus der Südafrikanischen Union (Großbritanniens zwei Kriege gegen die Buren) wandern ein.

1902
Die Eisenbahnlinie Windhoek-Swakopmund wird fertiggestellt.

1904
Am 12. Januar beginnt der Aufstand der Herero, angeführt von Samuel Maherero. 123 Weiße werden ermordet. Am 11. August werden die Herero durch die Schutztruppen unter General von Trotha am Waterberg geschlagen. Sie flüchten ostwärts in die wasserlose Omaheke. Wie viele Herero starben, wurde nie genau ermittelt.

1904–07
Aufstand der Hottentotten. Hendrik Witbooi fällt in der Schlacht bei Vaalgras.

1907
Das Deutsche Reich erläßt zwei Verordnungen für die Eingeborenen: Aufenthaltskontrolle, Paßpflicht bei Arbeitsverhältnissen.

1908
Gouverneur von Lindequist führt die ersten Karakulschafe ein. Während des Baues der Eisenbahnlinie werden bei Lüderitz Diamanten entdeckt.

1909
Einführung der Selbstverwaltung. Stadtrechte erhalten: Karibib, Keetmanshoop, Lüderitz, Okahandja, Omaruru, Swakopmund, Warmbad und Windhoek.

1914
Ausbruch des Ersten Weltkrieges. Die Großfunkstelle Windhoek hat über Togo Funkverbindung mit Nauen bei Berlin. Es leben ungefähr 14 830 Weiße in Südwestafrika.

1915
Die deutsche Schutztruppe kapituliert in der Nähe von Tsumeb am 9. Juli. Befehlshaber der südafrikanischen Truppen ist General Louis Botha.

1919
Durch den Vertrag von Versailles verliert das Deutsche Reich alle afrikanischen Kolonien einschließlich Südwestafrika.

1920
Die Südafrikanische Union bekommt Südwestafrika als »C-Mandat«. Der Begriff »C-Mandat« wird folgendermaßen umschrieben: Es gibt Gebiete, die, wie Südwestafrika, auf-

grund ihrer geringen Bevölkerungszahl, ihrer geringen Größe oder ihrer Entfernung von den Zentren der Zivilisation am besten nach den Gesetzen der Mandatsmacht als ein Bestandteil von deren Territorium verwaltet werden.

1925
Verwaltungsautonomie für Südwestafrika unter einem südafrikanischen Administrator. Die Legislative wird ein Landesrat von 18 gewählten weißen Vertretern.

1946
Der Völkerbund hält seine letzte Sitzung in Genf, ohne sein Mandat über Südwestafrika auf die UNO zu übertragen. Die UNO hat sich von Anfang an nicht als Rechtsnachfolger des Völkerbundes gefühlt. Insbesondere die USA und die Sowjetunion, beide nicht Mitglieder des Völkerbundes, stimmten in diesem Punkte völlig überein. Die UNO entwickelte ein eigenes Treuhandsystem und stellte den Mandatsmächten anheim, ihre bisherigen Völkerbundsmandate freiwillig in Treuhandgebiete der UNO umzuwandeln. Die Südafrikanische Union lehnte, wie auch andere Staaten, dieses Angebot ab.

1949
Die Bevölkerung Südwestafrikas wird durch 6 Abgeordnete und 4 Senatoren direkt im südafrikanischen Parlament vertreten.

1948–54
Entwicklungsjahre der Fischerei an der 1600 Kilometer langen Küste. In Walvis-Bay wird eine Fischindustrie gegründet, in Lüderitz eine Fangstation für Langusten. Seit fünf Jahren sind beide Industriezweige fast völlig zum Erliegen

gekommen. Die Ursachen sind Überfischung und Fangflotten der Großmächte vor der Küste Südwestafrikas.

1960
Äthiopien und Liberia – zwei Feudalstaaten – reichen beim Internationalen Gerichtshof in Den Haag eine Klage gegen Südafrika ein. Sie erklären, daß Südafrika seine Mandatspflicht verletzt, und verlangen, daß Südwestafrika der Aufsicht der UNO unterstellt wird.

1963
Die industrielle Gewinnung von Diamanten aus dem Meeresboden an der Küste Südwestafrikas beginnt.

1965
Windhoek feiert den 75. Jahrestag seiner Gründung. Aus Spenden der Bevölkerung wird für Hauptmann Curt von François ein Denkmal vor dem neuen Rathaus errichtet.

1966
Der Internationale Gerichtshof in Den Haag weist die 1960 eingebrachten Klagen von Äthiopien und Liberia gegen Südafrika ab. Trotzdem verlangt die UNO-Mehrheit der afroasiatischen Staaten seit 1960 die »Herausgabe« Namibias. Die UNO gründet einen »Rat für Namibia«. Die SWAPO (South West African People's Organization) beginnt mit dem bewaffneten Kampf an der Nordgrenze von Südwestafrika.

1971
Der Internationale Gerichtshof erklärt auf Ersuchen des UNO-Sicherheitsrates, daß die Präsenz Südafrikas in Namibia illegal sei. Trotz Form- und Verfahrensfehlern hält die UNO an dem Beschluß fest.

1972
Dr. Kurt Waldheim, Generalsekretär der UNO, besucht Südwestafrika.

1973
Dr. Alfred Escher, Schweizer Bürger und Sonderbotschafter der UNO, besucht Südwestafrika. Er überreicht der UNO seinen Vorschlag einer Lösung auf regionaler Basis, nicht als Einheitsstaat, für das riesige Land mit zwölf verschiedenen Völkern.

1975
Erste Tagung der »Turnhallen-Allianz«, in der alle zwölf Volksgruppen vertreten sind.

1976
Die »Turnhallen-Allianz« nennt den 31. Dezember 1978 als Datum der Unabhängigkeit.

1977
Erstes Gespräch über die Zukunft von Südwestafrika-Namibia zwischen Vertretern der Republik Südafrika und den Vertretern Frankreichs, Kanadas, Großbritanniens, der Vereinigten Staaten und der Bundesrepublik.

1977
Der südafrikanische Richter M. T. Steyn wird erster Generaladministrator von Südwestafrika-Namibia.

1978
Die »Fünf«, das sind die Bundesrepublik Deutschland, Frankreich, Kanada, England und die Vereinigten Staaten von Amerika, legen ihren Plan zur Unabhängigkeit dem

UN-Sicherheitsrat vor. Der Dezember 1978 wird als endgültiger Termin für die Unabhängigkeit genannt.

1978
25. April. Die Republik Südafrika nimmt den Plan der »Fünf« an.

1978
4. bis 8. Dezember. Wahlen nach dem Prinzip »ein Mann, eine Stimme« für eine verfassungsgebende Versammlung. Von einer geschätzten Wählerzahl von 443 441, von denen 412 448 sich registrieren ließen, wurden 326 264 gültige Stimmen abgegeben.

38 716 Stimmen für AKTUR – 6 Abgeordnete
268 130 Stimmen für DTA – 41 Abgeordnete
5 781 Stimmen für HNP – 1 Abgeordneter
9 073 Stimmen für NCDP – 1 Abgeordneter

Die SWAPO nahm an den Wahlen nicht teil.

1979
Gespräche zwischen den Führern der politischen Parteien von Südwestafrika-Namibia und den Außenministern der »Fünf« finden in New York statt.

1979
Gründung der Nationalversammlung von Südwestafrika-Namibia als höchste gesetzgebende Körperschaft des Landes.

1980
Einsetzung eines Ministerrates für Südwestafrika-Namibia.

1981
Einführung der allgemeinen Wehrpflicht, wobei die Ovambos und Kavangos ausgenommen sind. Sie können als Freiwillige dienen.

1981
3. Juni. Der US-Außenminister Alexander Haig erklärt in Washington: Ein unabhängiges Namibia muß absolut blockfrei sein.

Die drei wichtigen, verbindenden Sprachen des Landes sind Afrikaans, Englisch und Deutsch. Wobei Afrikaans das wichtige Bindeglied zwischen schwarzen Volksgruppen ist, die sich nicht untereinander verständigen können. Afrikaans ist außerdem die Muttersprache der Farbigen und Rehoboth-Baster.

Eine gemeinsame Sprache haben die Damara und Nama.

Die am meisten gesprochene und geschriebene Sprache der knapp 500 000 Ovambos ist das Kwanyama. Die sieben verschiedenen Stämme haben ihre eigenen Dialekte.

Das Volk der Herero und die beiden Gruppen der Kaokovelder, die Himba und Tjimba, haben ebenfalls eine gemeinsame Sprache.

Die Sprache der Buschleute nennt sich Kung. 1969 wurde sie als Schriftsprache entwickelt und zum ersten Mal gedruckt.

Die fünf Stämme des Kavango-Volkes haben drei Sprachen: Kwangali, Gciriku und Mbukushu.

Ein Phänomen ist die Sprache der Caprivianer. Die sechs Stämme benutzen einheimische Sprachen, im gemeinsamen Umgang benutzen sie »Lozi«, die Sprache des benachbarten Sambia.

Die kleinste Volksgruppe, die Tswana, ist sprachlich mit den Bewohnern Botswanas und Bophuthatswanas verbunden.

Zwölf verschiedene Sprachen, entsprechend den zwölf verschiedenen Völkern, haben sich in der riesigen Weite des Landes entwickelt:

Afrikaans – bis jetzt offizielle Sprache des Landes.

Englisch	Mbukushu	Ndonga
Deutsch	Kung	Lozi
Damara/Nama	Tswana	Kwanyama
Herero	Kwangali	

Auf 824 269 Quadratkilometern leben 961 522 Menschen (Zahlenangabe von 1980). Das bedeutet 1 Menschen auf 1 Quadratkilometer. Zum Vergleich: Im Ruhrgebiet leben auf 1 Quadratkilometer 1900 Menschen.

Die Einwohner zerfallen in zwölf verschiedene Volksgruppen. Im regenreichen Gebiet des Nordens leben drei große Völker der Bantufamilie, die bereits seßhaft waren, als in der Mitte und im Süden des Landes die Völker noch ein Nomadenleben führten.

VOLKSGRUPPE	Zahl	Prozent der Gesamtbevölkerung
Ovambo	442 936	ca. 46 %
Weiße	110 271	12 %
Damaras	85 518	9 %
Herero	61 988	6 %
Kavango	65 254	6 %
Nama	42 865	5 %
Farbige	36 571	4 %
Caprivianer	33 205	3 %
Buschleute	29 343	3 %
Rehoboth-Baster	22 256	2 %
Kaokovelder	7 459	1 %
Tswana	4 937	1 %
Sonstige	18 919	2 %
Gesamt	961 522	

DIE POLITISCHEN PARTEIEN VON NAMIBIA

DTA	Demokratische Turnhallen-Allianz
AKTUR	Nachfolge der Südwestafrikanischen Nationalpartei
NCDP	ChristlichDemokratische Partei Namibias
HNP	Herstigte Nationalpartei
RLF	Freiheitsfront Rehoboth
NNF	Nationale Front Namibias
NPLF	Namibias Befreiungsfront
SWAPO-D	SWAPO Democrats
SWAPO	Organisation der Südwestafrikanischen Völker

HÖHEN DER SÜDWESTER-BERGE

	Meter
Brandberg (Trig Beacon Koenigsstein)	2579
Großer Gamsberg	2351
Erongogebirge (Topo Point Bockberg)	2350
Bismarckberge (Trig Beacon Bismarck)	2301
Naukluftberge (Trig Beacon Friedensberg)	1973
Großer Waterberg	1930
Kleiner Waterberg	1857
Große Spitzkoppe	1759
Kleine Spitzkoppe	1579

STÄNDIG WASSERFÜHRENDE FLÜSSE

Kunene	Nordgrenze nach Angola	über 325 km
Okavango	Nordgrenze nach Angola und Sambia	über 400 km
Sambesi	Grenze nach Simbabwe	über 100 km
Oranje	Grenze zur Republik Südafrika	über 500 km

WASSERFÜHRENDE FLÜSSE IN DER REGENZEIT

Fischfluß	geschätzte Länge	600 km
Elefantfluß		500 km
Kuiseb-Fluß		400 km
Swakop-Fluß		315 km
Omaruru-Fluß		300 km
Huab-Fluß		300 km

HÖHEN VON ORTSCHAFTEN UND BAHNSTATIONEN

	Meter
Aus (Bahnstation)	1446
Bethanie	1000
Gobabis (Bahnstation)	1444
Grootfontein (Bahnstation)	1463
Gobabeb (Namib-Forschungsstation)	408
Karibib (Bahnstation)	1172
Keetmanshoop (Bahnstation)	1001
Lüderitz (Bahnstation)	11
Maltahöhe	1330
Namutoni	1084
Omaruru (Bahnstation)	1214
Otjiwarongo (Bahnstation)	1460
Rehoboth	1395
Swakopmund (Bahnstation)	14
Tsumeb (Bahnstation)	1279
Warmbad	745
Welwitschia	1000
Windhoek (Bahnstation)	1654

WILDSCHUTZGEBIETE

Etoscha-Nationalpark	22 270 km^2
Namib-Naukluft-Park	23 401 km^2
Skelettküste	
Kreuzkap	zweitgrößte Robbenkolonie der Welt
Waterberg-Nationalpark	seltene Tiere, einschließlich weißer Nashörner

Ai – Ais	Warme-Quellen-Wanderung von 86 km durch den 600 m tiefen Fischfluß-Cañon

SEEN

Otjikoto-See Guinas-See	Beide Seen liegen bei Tsumeb, sind kreisrund mit einem Durchmesser von 50 m und sehr tief.

BODENSCHÄTZE

Kupfer	Tsumeb, Grootfontein, Otavi, Kamanjab, drei Minen bei Windhoek, Mariental und Haib-Fluß-Mine
Blei	Tsumeb, Namib-Lead-Mine, Rosh Pinah im Diamant-Gebiet
Zink	Tsumeb, Rosh Pinah
Germanium	Tsumeb
Eisen	Kaokoland
Gold	Otjiwarongo
Silber	Tsumeb, Windhoek, Namib
Wolfram	Brandberg
Zinn	Brandberg
Salz	Kreuzkap, Swakopmund
Uran	Rössing bei Swakopmund
Diamanten	Diamantensperrgebiet zwischen Lüderitz und Oranjemund, zur Land und zur See
Tantal	Warmbad
Beryll	Warmbad

Amelunxen, Clemens — *Südwestafrika und das Völkerrecht*
Bonn 1975
New Development in South West Africa Plural Societies
Den Haag 1974
Südafrikanisches Rechtsleben
Köln 1970

Bannister, Anthony — *Afrikas herbes Paradies / Namibia*
Kapstadt, Johannesburg

Babing, Alfred — *Namibia*
Berlin (Ost) 1979

Bonn, Gisela — *Afrika verläßt den Busch*
Düsseldorf 1965

Bornmann, Chris H. — *Welwitschia*
Kapstadt/Johannesburg 1978

Breyer, Karl — *Moskaus Faust in Afrika*
Stuttgart 1979

Brittan, Michael — *Discover Namibia*
Kapstadt, Johannesburg

Dominik, Hans — *Klaus im Glück*
Düsseldorf 1951

Gann L. H. & Peter Duignan — *The Rulers of German Africa 1884–1914*
Stanford/California 1977

Hamann, Günther — *Der Eintritt der südlichen Hemisphäre in die europäische Geschichte*
Wien 1968

Hintrager, Oskar — *Südwestafrika in der deutschen Zeit*
München 1955

Jenny, Hans	*Südwestafrika* Stuttgart 1978
Kulik, Sergei	*Afrikanische Safaris* Leipzig 1973
Langheinrich, H. M.	*Unser Land Südwestafrika* Windhoek
March, John H.	*Skeleton Coast* Johannesburg 1944
Martin, Henno	*Wenn es Krieg gibt, gehen wir in die Wüste* Windhoek 1970
Mattenklodt, Wilhelm	*Verlorene Heimat* Berlin 1928
Meissner, H. O.	*Traumland Südwest* Stuttgart 1968
Metzger, Fritz	*Und seither lacht die Hyäne* *Buschmannfabeln* Windhoek 1952
Meyer, Wolfgang	*Kämpfendes Afrika – Begegnungen der Freundschaft und Solidarität* Dresden
Rautenberg, Hulda	*Das alte Swakopmund* Swakopmund 1967
Schütte, Stampa, Ortlieb	*Afrika betet anders* Hamburg 1979
Staub, Hans O.	*Südafrika-Report* Wien 1975
Steenkamp, Willem	*Adeus Angola* Cape Town 1976
Stuebel, Heinrich	*Die Entwicklung des Nationalsozialismus in Südwestafrika* Vierteljahreshefte für Zeitgeschichte, Stuttgart

Sudholt, G. — *Die deutsche Eingeborenenpolitik in Südwestafrika*
Hildesheim 1975

Timm, Uwe — *Morenga*
München 1978

Vaatz, Marga — *Von Dir, mir und den anderen in Südwestafrika*
Windhoek

Wöhe, Gerti — *Schwarz auf Weiß: Südwestafrika-Namibia*
Hemsbach 1980

Zur Strassen, W. H. — *The Fur Seal of Southern Africa*
Cape Town 1971
Windhoek
Cape Town 1975

Register